Susanne Wiborg

Gartenzeit

Die besten Kolumnen aus der ZEIT

Mit Illustrationen
von Julia Guther

Verlag Antje Kunstmann

Inhalt

Wie ich lernte, den Liguster zu lieben

Angefangen hat es ganz harmlos. Ich wollte die Straße fegen und zog am verlockend frühlingshaften Valentinstag zum ersten Mal wieder die Gartenjacke an. In der Tasche spürte ich ein vertrautes Gewicht: die Rosenschere. Gut lag sie in der Hand, und der Liguster in meiner alten Hecke sah geradezu provozierend struppig aus. So knipste ich ein paar der allzuweit hervorstehenden Ästchen ab, und das fühlte sich noch viel besser an: Endlich wieder Gartenarbeit! Ich schnipselte also, während die Sonne schien, die Zeisige sangen und die Schneeglöckchen blühten, beschwingt noch ein bißchen weiter. Und noch ein bißchen. Je mehr ich mich der verholzten Mitte näherte, desto anstrengender wurde es. Und da ging ich plötzlich in die Falle, die jedem schnittfreudigen Gartenbesitzer durchaus vertraut ist: das Spiel mit der Schere begann zu kippen, zunächst ins Sportliche, dann ins Ehrgeizige, bis das lockere Vergnügen zum ingrimmigen Zweikampf Mensch gegen Gehölz ausgeartet war. So etwas passiert normalerweise eher starken Männern an schwerem Schneidgerät, weshalb es sich dringend empfiehlt, sie mit steigendem Adrenalinspiegel sorgsam von jedem Gewächs fernzuhalten, auf dessen weiteres Wohlbefinden man – vielmehr: Frau – noch irgendwelchen Wert legt.

Diesmal aber, es muß die Sonne gewesen sein oder die Nachwirkung des langen winterlichen Entzuges, sozusagen der gärtnerische Affektstau, erwischte es mich, und wie! Erstes, kurzfristig ernüchterndes Resultat war ein struppiges Loch in der hohen Hecke, das fatale Ähnlichkeit mit diesen vergilbten Fotos aus dem Ersten Weltkrieg aufwies, die stolz die Wirkung teutonischer Granaten auf die welsche Vegetation vorführten. Logischerweise mußte ich den Rest nun irgendwie angleichen, aber schließlich konnte die Hecke ja auch einen durchgreifenden Schnitt vertragen. Und zwar sofort! Das Unübersehbare, die Tatsache nämlich, daß diese Hecke 1. reichlich lang und 2. reichlich kräftig für Handarbeit war, verdrängte ich kurzerhand. Statt dessen rüstete ich entschlossen mit der großen Astschere nach und frisierte den ersten Strauch halbwegs in Form. Dann den nächsten ... und so weiter. Alter Liguster ist hart. So knochenhart, daß er früher auch »Beinholz« genannt wurde. Aber für Einsicht war es zu spät: Ich hatte längst alle Hemmschwellen überschritten. Statt zumindest in Erwägung zu ziehen, den Job einem hilfsbereiten Nachbarn, einer elektrischen Heckenschere oder am besten beiden in Kombination anzutragen, begab ich mich in den Clinch mit dem ältesten Strauch direkt am Tor. Dessen handgelenkdicke Mitte widerstand sogar der Astschere, was wiederum meinen Willen zum Endsieg nur noch einmal anstachelte. Das ist ja das Erhebende an der Gartenarbeit: Ich vergaß Zeit, Raum und Steuererklärung. Im Hier und Jetzt gab es nur noch mich und diesen verdammten Liguster. Erst als ich in einem kurzen lichten Moment den befremdeten Blick eines vorbeigehenden Nachbarn wahrnahm, wurde mir klar, daß ich inzwischen in der Hecke hängen mußte wie Terrier Kümmel an der Beute: per Schere fest verbissen, mit ebenso verbissenem Schütteln. Nur das Knurren konnte ich mir eben noch verkneifen, bis der Passant vorbei war. Grinsen mußte ich trotzdem über dieses neue Kapitel aus: Gärtnern seltsam – oder wie ich lernte, den Liguster zu lieben.

»Lieben« ist sicher übertrieben, aber entbehren möchte ich *Ligustrum vulgare* keinesfalls mehr. Dabei war er für mich lange Inbegriff sparsamer Fünfziger-Jahre-Spießigkeit, und im eigenen Garten, das stand fest, wollte ich dieses ökologisch unkorrekte Gewächs niemals haben. Natürlich kam es dann, wie es fast immer kommt: anders. Als ich den Garten bekam, gehörte der uralte Heckenliguster zum wenigen, das das drakonische Hunger-Regiment meines Vorbesitzers überhaupt überlebt hatte. Schon ein bißchen Service honorierte das unverwüstliche Ölbaumgewächs umgehend mit einem Wachstum, das die ausgeprägte soziale Kontrolle rundum bald freundlich auf Abstand hielt. Inzwischen mag ich den Liguster sogar. Mit seiner soliden dunkelgrünen Erscheinung ist er sicher nicht der mitreißende, überschwenglich dekorative Typ, aber Respekt und Dank für seine anspruchslose Hilfsbereitschaft hat er durchaus verdient. Gemessen an der Horror-Botanik, die inzwischen landauf, landab die Grundstücksgrenzen verdüstert, gemessen an Thuja oder Blauer Säulenzypresse Marke: »Die Reihen fest geschlossen«, ist der brave alte Liguster als Heckenpflanze ohnehin schon fast eine optische und ökologische Offenbarung. Immerhin weiß er noch, was Jahreszeiten sind, und die Vögel schätzen ihn als Deckung.

Stehvermögen hat er jedenfalls, in jeder Beziehung: An diesem unvergeßlichen Valentinstag gerieten fünf Minuten Straßenfegen zu mehreren Stunden Nahkampf, Resultat: Unentschieden. Den Liguster bekam ich, nachdem ich in der Hitze des Gefechts auch noch zur Handsäge gegriffen hatte, zwar buchstäblich klein, mußte aber schließlich mangels Kondition und Tageslicht auf die Feinarbeit verzichten. Im Gegensatz zur Hecke konnte sich mein Muskelkater am nächsten Tag dafür wirklich sehen lassen. Kurzum: Es war ein ganz großartiger Saisonauftakt!

Frühling extrem

Die Sturmböe riß die Schuppentür vom Haken und knallte sie zu, daß das alte Holzgebäude in seinen Grundfesten erbebte. Obwohl ich drinnen gerade mit klammen Fingern Hornveilchen eintopfte, sah ich nicht einmal mehr hoch. So blieb wenigstens der Graupelschauer draußen, und Hauptsache, ich konnte überhaupt wieder halbwegs im Garten arbeiten.

So viel so langer Frust war selten. Im März, wenn es unsereinen schon unwiderstehlich zum Wühlen nach draußen zieht, wäre das Revier diesmal allenfalls in Begleitung des legendären Bernhardiners mit Rumfäßchen adäquat begehbar gewesen, Terrier Kümmel dagegen weigerte sich hartnäckig, sich an meinen ungeduldigen Streifzügen rund um vereiste Beete zu beteiligen. Da der April auch nicht besser begann, blieben uns entzugsgeplagten Grünabhängigen nur die

Frühlingsgefühle zum Mitnehmen: die ersten Blumen für draußen.

Sozusagen obligat wären da natürlich die ebenso farbenfrohen wie frostfesten Stiefmütterchen, aber mit ihnen werde ich mich wohl nie anfreunden. Es wundert mich überhaupt nicht, daß sie immer so ernst und so verständnislos aus ihren überdimensionalen, aufgeblähten Gesichtern zu blicken scheinen, sind viele von ihnen doch wirklich ein mitleiderregendes Beispiel dafür, was der Mensch einer arg- und wehrlosen Pflanze so alles anzutun vermag. Kaum zu glauben, daß die armen halslosen Ungeheuer, die diese Saison unter anderem in psychedelisch anmutendem Siebziger-Jahre-Design (gefranstes orangebraunes Zickzack auf Knallgelb) oder gefüllt mit Rüsche auftreten müssen, enge Verwandte der zierlichen und anmutigen Veilchen sind. Den kleinen, oft sogar noch duftenden Hornveilchen sieht man das glücklicherweise noch deutlich an, und sie auszusuchen war immerhin ein allererster Trost.

Einer allerdings, der den Frustpegel noch höher steigen ließ, denn neben den Blumentöpfen warteten im Schuppen auch die Düngersäcke wie ein Symbol des Neuanfangs auf ihre Stunde. Die schien zu kommen, als die Temperatur schlagartig von minus zehn

14

auf über plus zwanzig Grad stieg und ich meine aufge-
staute Unruhe kaum noch beherrschen konnte. Zwar
lagen überall Schneereste, zwar wäre Abwarten ver-
nünftiger gewesen – aber endlich irgend etwas *tun*...!
Gegen Mittag zog eine Gewitterwand auf, und der Reiz
nahm überhand: Der Regen würde den Kalk doch
wunderbar in den Boden waschen! So hetzte ich dann
tatsächlich im T-Shirt mit dem Kalkeimer durchs Revier und schaffte es knapp. Für den archaischen Triumph, mit dem ich anschließend den Regenguß aus
dem Fenster beobachtete, für das erhebende Gefühl,
gerade einen existentiellen Zweikampf mit den entfes-
selten Elementen gewonnen zu haben, müssen Nicht-
gärtner vermutlich mindestens zum Freeclimbing in
den Himalaya!

Als es gegen Abend wieder sehr warm und dann
wieder sehr dunkel wurde, als die nächste schwarze
Wand im Westen aufzog, lag es daher auf der Hand,
sich der Herausforderung durch das Ungezähmte er-
neut zu stellen. Diesmal allerdings mit verschärftem
Handicap, mit pelletiertem Rindermist. Den zu hand-
haben ist schon Herausforderung genug: Die dünnen
Plastiksäcke sind nämlich, einem ebenso rätselhaften
wie offenbar unabänderlichen Naturgesetz folgend,
grundsätzlich so konstruiert, daß sie sich zwar an der

15

dafür vorgesehenen Stelle selbst mit Zähnen, Klauen und Werkzeugen kaum öffnen lassen. Dafür bersten sie aber regelmäßig beim Anheben und ergießen ihren rustikal duftenden Inhalt wahlweise in den Autokofferraum oder, wie in meinem Fall, großzügig über Schuhe und Schuppenboden. So verlor ich, während das Gewitter näher kam, wertvolle Startzeit mit Wiedereinsammeln und mußte mich dann mit Düngereimer und Harke derart beeilen, daß ich nur nebenher registrierte, *wie* düster es diesmal wurde. Daß mir, während ich die vierte große Clematis fütterte, der Schweiß den Rücken herunterlief, schrieb ich der lange ungewohnten sportlichen Betätigung zu, daß sich die Nachbarn hastig ins Haus verzogen, den bevorstehenden Neunzehn-Uhr-Nachrichten. Der Donner kam näher, der Dünger staubte, aber als mir die ersten heftigen Böen selbst die Pellets wieder entgegenwehten, war ich fertig. Nach Luft schnappend, nach Gülle stinkend und bis zu den Knien graugrün eingestaubt, feuerte ich Eimer und Harke in den Schuppen und wunderte mich, während ich im sturzbachartigen Regen zum Haus sprintete, einen flüchtigen, glücklichen Moment lang darüber, welche merkwürdigen Formen Vergnügen doch annehmen kann, wenn man bloß verrückt genug ist, es am richtigen Ort

16

zu suchen. Noch weit mehr wunderte ich mich allerdings darüber, daß ich kaum noch gegen den Wind ankam, und dann fiel der Strom aus. Daß ich mit einem veritablen Tornado um die Wette gegärtnert hatte, erfuhr ich so erst am nächsten Morgen. Gottseidank hat uns die Windhose knapp verschont, doch nach einem derart fulminanten Saisonauftakt wird mich das Wetter dieses Jahr hoffentlich nicht mehr groß beeindrucken können, auch wenn's inzwischen schon wieder friert. Wie war das noch, zumindest in diesem Frühjahr der eher speziellen Art? Nur die Harten kommen in den Garten.

Prinzip Hoffnung: Helleborus

Die Hoffnung ist tatsächlich grün, und in meinem Garten sah sie diesmal aus wie ein winziges dunkelviolettes Ei inmitten eines üppigen Spitzenkragens. Sie erschien kurz vor Weihnachten, und wie unwirtlich der Winter danach auch ausfiel, sie stand, unerschütterlich und ungerührt, an der geschützten Hausecke und wartete einfach ab. Ich wartete ebenfalls, aber leider mit weit weniger Contenance. Wie oft ich sie, zunehmend frustriert vom endlosen Gartenentzug, ungeduldig fordernd angestarrt habe, kann ich nicht mehr zählen. Jetzt ist es tatsächlich endlich soweit: Die frühe Knospe meiner *Helleborus orientalis*, auch Lenzrose genannt, hat sichtbar zu wachsen begonnen. Egal, wie viel Schnee nun noch fällt – die neue Gartensaison ist trotzdem da! Abgesehen von einem einzigen Winter, in dem sie nach Kahlfrost plus schneidendem Ostwind die Blüte verweigerte, hat mich meine große Helleborus noch nie im Stich gelassen. Das will etwas heißen, ist sie doch die älteste Staude meines noch relativ jungen Gärtnerlebens.

Die Nieswurz mit den betörend pflaumenblauen Blüten gehörte zu meinen allerersten eigenen Pflanzen, doch als wir uns trafen, war das einzig Betörende an ihr eine Art botanischen Kindchenschemas. Das war um so anrührender, als wir uns an einem der deprimierendsten Orte begegneten, die sich überhaupt denken lassen: auf dem Sonderangebotstisch in der Gartenabteilung eines Baumarktes, der letzten Station vor der Grünabfall-Deponie. Dort kümmerten, teilweise übereinandergeworfen, die vor sich hin, die keiner mehr wollte: ballentrockene Geranien in unmodernen Farben, zerknickte Begonien, welke Lobelien und einige vergilbte und vergammelte Stauden. Als ich prüfend eine schmuddlig rosa Geranie hochhob, reckte sich aus einem Topf darunter plötzlich ein einzelnes Blatt. Es sah aus wie eine winzige siebenfingrige Hand, blank, straff, noch jugendlich hellgrün und völlig ungerührt von seiner trostlosen Umgebung. Inmitten dieser Ansammlung floraler Elendsgestalten wirkte es wie ein kecker Triumph von Vitalität und Überlebens-

willen, und gleichzeitig wie ein unübersehbarer Hilfe-
ruf. Da gab es nur eines: Ich nahm die kleine Helleborus mit. Die Geranie übrigens auch.

Das erwies sich als großes Glück, denn ohne diesen
eindringlichen Appell hätte ich es vermutlich nie mehr
riskiert, irgendeine Nieswurz zu kaufen. Hatte ich doch
mit ihrer Verwandtschaft bis dahin vorwiegend Pech
gehabt. *Helleborus niger*, die legendäre weiße Christ-
rose, ihres dunklen Wurzelstocks wegen auch Schwarze Nieswurz genannt, ist eine ebenso faszinierende wie
kapriziöse Pflanzenpersönlichkeit. Sie kann sich jede
Exzentrik leisten: Ihr glamouröser mittwinterlicher
Auftritt ist derart verblüffend und konkurrenzlos, daß
ihr seit alters her Zauberkräfte zugeschrieben werden.
Immer umgibt sie ein Hauch von Magie, und immer
noch ist ihre Kultur ein bißchen Glückssache, besonders leider in unseren Breiten. Als Gebirgsbewohnerin
schätzt sie den typischen norddeutschen Winter ebensowenig wie ich. Dummerweise wird sie dann aber
nicht blaß, sondern braun. Aber selbst die Profis haben es nicht leicht mit ihr. Allen Massenkultur-Versu-
chen zum Trotz hat sich *Helleborus niger* nicht zum
Stiefmütterchen machen lassen. Sie ist nicht willig,
nicht billig, und sie gibt sich nie ganz preis. Respektge-
bietend und mit Vorsicht zu behandeln ist die ganze

Nieswurz-Sippe sowieso: Allesamt sind sie derart giftig, daß der Gattungsname Helleborus übersetzt »tödliche Speise« bedeutet. Im antiken Griechenland wurden Christrosen denn auch als chemische Kampfstoffe eingesetzt: Ihr Saft, ins Trinkwasser einer belagerten Stadt gemischt, zwang die von Brechdurchfall und Krämpfen geschüttelten Verteidiger schnell zur Aufgabe.

Ist die noble *Helleborus niger* so etwas wie die glamouröse, kühle Diva der Familie, so entpuppte sich mein Fund eher als die fröhliche Erfolgsgarantie: Es ist eine Hybride von *Helleborus orientalis*, die weitaus robuster ist. Diese Lenzrose kann vom Winterende bis in den Mai blühen, in der ganzen Farbskala von zarten Cremetönen bis fast hin zum Schwarz, mit allen nur erdenklichen Gelbgrün-, Rosa- und Purpurschattierungen dazwischen. Noch bestechender ist vielleicht die Gutwilligkeit, mit der sie selbst nicht ganz optimale Bedingungen verzeiht, jedes gärtnerische Entgegenkommen aber mit sichtbarem Wohlergehen quittiert. Daß kleine Aufmerksamkeiten, etwa zerstoßene Eierschalen um den Fuß, endlich derart gewürdigt werden, tut meinem von *Helleborus niger* permanent gedemütigten Gärtner-Ego immer wieder gut.

Die Chancen, daß aus der Zufallsbekanntschaft im

Baumarkt eine Partnerschaft fürs Leben erwächst, stehen übrigens günstig. Hellebori werden alt, 50 Jahre und mehr sind keine Seltenheit. Dementsprechend sehen sie das Dasein deutlich gelassener, als es Gärtnern mitunter lieb ist. Besonders provozierend finde ich so viel Geduld jetzt im Spätwinter, wenn ich eines meiner liebsten Frühlings-Rituale zu pflegen beginne: Bei jedem Rundgang kratze ich vorsichtig Kompost und welke Blätter aus der Mitte der Helleborus-Stauden, um nach den dunkelroten, gekrümmten Austrieben der Blütenstände zu spähen. Doch abgesehen von meiner alten pflaumenblauen Favoritin, die natürlich den geschützten Vorzugsplatz bekommen hat und deshalb mit der ersten Knospe Frühjahrshoffnung und Gärtnerinnenmoral gleichermaßen hochhalten konnte, zeigen sich die Lenzrosen nach der langen Winterkälte diesmal reserviert. Ob mir das in meiner kribbelnden Vorfrühlings-Unruhe nun paßt oder nicht: Hellebori haben Zeit. Viel Zeit sogar.

Enthemmte
Amphibien

Wenn nachts der Lärm von der nahen Hauptstraße abebbt, höre ich sie sogar durchs offene Fenster. Es klingt wie eine Mischung aus dem Knarren, mit dem in Gruselfilmen alte Türen aufgehen, und überlautem Katzenschnurren, untermalt von gelegentlichem Wasserplätschern. Die Frösche quaken, zum ersten Mal in meinem neuen Teich. Eine nächtliche Ruhestörung, die ich mir schon ewig gewünscht habe, ist doch meine Zuneigung zu Amphibien ein eindrucksvolles Beispiel frühkindlicher Prägung. Gegen widrige Umwelteinflüsse übrigens: Seit ich, hingerissen von allem, was in der Wesermarsch so hopste und quakte, fünf-jährig eine sommerliche Freiluft-Teerunde dadurch sprengte, daß ich eine hinreißend riesige Erdkröte mit-ten auf den Tisch plumpsen ließ, hat meine Familie intensiv versucht, mich für andere Hobbys zu begeistern. Vergeblich: Ich finde Frösche immer noch unwiderstehlich, und meine Garten-Mitbewohner ganz besonders.

Die nämlich sind Springfrösche, und daß sie hier sind, ist schon bemerkenswert genug. *Rana dalmatina* ist in Niedersachsen derart selten, daß es mir ein absolutes Rätsel ist, was die Rote-Liste-Tiere ausgerechnet in meinen winzigen Hinterhof zieht. Glücklicherweise sind sie dort, ihres vergleichsweise leisen Quakens wegen, absolut nachbarschaftskompatibel. Unglücklicherweise sind sie aber auch sonst eher diskret veranlagt und haben eine ausgeprägte Abneigung dagegen, neugierige Gärtnerinnen die interessanteren Aspekte ihres Soziallebens beobachten zu lassen. Sobald ich auch nur leise die Terrassentür öffne, plantscht es kurz, dann ruht der Teich still und wirkt so öde und leblos wie eine Thujahecke im Februar. Was mich diesmal besonders ärgerte, klangen doch die akustischen nächtlichen Eifersuchtsdramen nach deutlich mehr Teilnehmern als dem einzelnen Pärchen, das hier seit Jahren in einer eingegrabenen Mörtelwanne gelaicht hat. An einem sonnigen Aprilnachmittag folterte mich die Neugier deshalb dermaßen, daß ich mich möglichst reglos auf der Bank am Teichufer niederließ und schwor, nicht eher zu weichen, bis ich die Viecher endlich gesehen hatte. Es dauerte, bis ich bis 749 gezählt hatte, dann erschienen endlich eine spitze dunkle Schnauze und ein Paar goldener Augen an der Wasseroberfläche. Ich überlegte noch überrascht, ob dieser ziemlich kleine Frosch tatsächlich schon ein Jungtier aus meiner Mörtelwanne sein konnte, als er zu quaken begann. Das war an sich nicht besonders eindrucksvoll, da Springfrösche keine Schallblasen haben und sich nur die weiße Kehle ein bißchen blähte. Um so verblüffender die Wirkung: Überall rundum kamen synchron Nasen und Glotzaugen hoch, so schnell und so viele, daß ich Mühe hatte, zu glauben, was ich da sah. Wo kamen die bloß alle her? Und wieso waren das, dem einsetzenden Chorgequake nach zu urteilen, allesamt Männchen? Inzwischen weiß ich, daß Springfrosch-Weibchen an Land überwintern, Männchen aber oft im Wasser, von wo aus sie die später aufstehenden Damen mit maximalem Stimmeinsatz anzulocken versuchen. Mein gutes Dutzend Halbwüchsiger war da noch nicht eben erfolgreich gewesen. Es verteilte sich zunächst, wie in einer abgesprochenen Choreographie, im Halbkreis um einen großen Stein, hinter dem das einzige Paar hockte, das ich überhaupt ausmachen konnte, ein kleines Männchen mit einem deutlich größeren Weibchen. Das Auditorium starrte die beiden nun, flach auf dem Wasser liegend, mit diesem Ausdruck intensiver Konzentration an, der Froschgesichter so komisch wirken läßt. Dann kam Bewegung in die Szene. Einige der Männchen schwammen aufeinander zu, fixierten sich vis-à-vis, quakten sich kurz an und paddelten dann wieder rückwärts auseinander. Handfestere Typen hielten sich nicht erst mit derartigen rituellen Höflichkeiten auf, sondern grabschten gleich beherzt nach jedem, den sie erwischen konnten, erkannten ihren Fehlgriff und versuchten ihr Glück sofort anderswo. Es war allerbeste Slapstick-Unterhaltung, zumal das Versuch-und-Irrtum-Ballett schließlich noch in einem Verwechslungsdrama gipfelte. Zwei Frösche lösten sich aus dem Getümmel und schwammen zielstrebig quer über den Teich, eindeutig nur eines im Sinn: Sex. Das Objekt ihrer fehlgeleiteten Begierde, der weiße Goldfisch Feng, fraß geruhsam Wasserlinsen von der Teichoberfläche und nahm von der nahenden aquatischen Übermacht keinerlei Notiz. Sein Fehler: Plötzlich hatte er eine enthemmte Amphibie im Rücken, während eine zweite ihn gierig von der Seite zu umklammern versuchte. Nach einem kurzen, wilden Hand- und Flossengemenge schoß Feng so rasant in die Tiefe wie weiland Flipper – und ich mußte dummerweise lachen. Alle Frösche verschwanden so blitzschnell und so spurlos von der Bildfläche, daß ich einen Moment daran zweifelte, daß sie wirklich dagewesen waren.

Wer ohne Sünde, der werfe den ersten Stein: Flieder

Das Knacken hallte laut durch den stillen Abend, und der Junge, der wegsprang, war höchstens dreizehn Jahre alt. Seine Beute, zwei Fliederrispen aus meiner Hecke, überreichte er dann, betont beiläufig, dem wartenden Mädchen. Die tat ebenfalls sehr cool, steckte aber die Nase tief in die violetten Blüten und wurde dunkelrot. Eigentlich neige ich zu ausgesprochen aggressiver Revierverteidigung, wenn meine Pflanzen bedroht sind, aber das hier war selbstverständlich etwas anderes. Flieder-Pflücken im Mai ist ein sozusagen naturgegebener, unabänderlicher Teil des alljährlichen Frühlings-Ausnahmezustandes, und die hormongesteuerten Plünderer dürfen sich mit Fug und Recht auf erheblich verminderte Zurechnungsfähigkeit berufen.

Zeit- und generationenübergreifend ist die Gier

nach den duftenden Rispen auch: Letztes Jahr machte sich gleich ein ganzer Stoßtrupp aus der nahe gelegenen »Seniorenresidenz« mit erstaunlicher Unbefangenheit über meine Hecke her. Das greise Greifkommando riß ganze Zweige brachial mit dem Spazierstock herunter, wurde bei meinem Anblick regelrecht pampig (»Stellnsesichnichsoan!!«) und spickte die Hecke auch noch mit reichlich Einwickelpapier von besonders widerlichen Eukalyptusbonbons.

Auch wenn das weit weniger romantisch mitzuerleben war als die verliebten Teenager, generell gilt beim Fliederklauen: Wer hier selbst ohne Sünde ist, der werfe den ersten Stein! Gärtner, deren Sträucher von der Straße aus leicht zu erreichen sind, nehmen die unvermeidliche Heimsuchung daher besser ebenso mit Anstand hin wie das Wetter, vorausgesetzt natürlich, sie geschieht einigermaßen dezent und ohne allzu große Kollateralschäden.

Dumm ist dabei nur, daß ich es selbst kaum je schaffe, auch nur ein Sträußchen aus dem eigenen Garten zu ergattern. Was in der Hecke blüht, ist immer weg, und die großen, uralten Büsche im Hof bringe ich einfach nicht dazu, ihre Rispen zuverlässig innerhalb meiner Reichweite zu tragen.

Dabei sollte es eigentlich ganz einfach sein: *Sy-*

ringa vulgaris, der gewöhnliche Flieder, blüht an den Enden der Vorjahrestriebe. Wer ihn folglich im Herbst oder Vorfrühling kappt, hat immer das Nachsehen. Der Neuaustrieb braucht Zeit, um die Blütenknospen fürs nächste Frühjahr anzusetzen, und deshalb müßte jetzt, direkt nach der Blüte zurückgeschnitten werden. »Tun Sie es ohne Aufschub!« gebietet etwa Vita Sackville-West, die legendäre britische Garten-Domina.

Klingt einleuchtend, funktioniert aber nur selten, jedenfalls bei mir. Das empfohlene harte Züchtigen der widerspenstigen Gewächse im Mai hat sich eher als ein Glücksspiel erwiesen, bei dem ich meist verliere: In zu trockenen Jahren treiben sie danach kaum wieder aus, in zu nassen fallen die jungen Triebe meist einem Pilz zum Opfer. Resultat in beiden Fällen: keine Blüten. Die sprießen dafür geradezu provozierend üppig, wenn ich den Flieder in Ruhe lasse, ein wenig kalke und gut dünge. Nur, leider, sprießen sie dann eben in gut drei Metern Höhe, Tendenz, buchstäblich: steigend. Da bleibt mir aber immerhin dieser wunderbare Duft, und wenn es mich dabei irgendwann allzu unwiderstehlich nach einem Fliederstrauß drängt, wäre es vielleicht einfacher, auch mal an einem lauen Maiabend spazierenzugehen?

Hang zum Höheren:
Kleiber

Sogar zu Titel und Ehren ist er gekommen, doch das Happy-End läßt weiter auf sich warten. Bei mir eingezogen ist der Vogel des Jahres 2006 immer noch nicht. Das liegt zwar weder an mangelnder Zuneigung auf meiner, noch an mangelnder Absicht auf seiner Seite, aber es wurmt doch ein bißchen. Mit dem Kleiber würde ich meinen Garten nämlich nur zu gerne teilen. Doch wieder ist eine Brutzeit vergangen, und wieder hat es nicht geklappt. Das ist um so trauriger, als der Kleiber ein so rundum attraktiver Gast ist, apart anzusehen mit blaugrauer, nahezu stahlfarbener Oberseite und orangebraunen Flanken, und ein begnadeter Turner ist er außerdem. Anders als die steiferen Spechte, die stets den Kopf oben behalten müssen und deshalb beim ruckartigen Rückwärts- oder Seitwärtsrangieren

oft aussehen, als kämpften sie mit akuten Einpark-
schwierigkeiten, bleibt der kompakte, aber dennoch
schnittige Kleiber allzeit ganz locker am Baum: als ein-
ziger Vogel überhaupt kann er sogar kopfunter ab-
wärts laufen. Auch an der Unterseite von Ästen hält er
sich problemlos, vor allem deshalb, weil er auf großem,
kräftigem Fuß lebt und sich nicht, wie die Spechte, mit
dem Schwanz abstützen muß. Zum athletischen Können kommt ein beträchtliches Handwerksgeschick. Er
bevorzugt zwar tierische Nahrung, nimmt aber auch
Ölsaaten. Harte Futterbrocken, etwa Bucheckern,
klemmt er dann paßgenau in Spalten, um sie aufzu-
hämmern. Was immer ein Kleiber auch tut, der
scharfe schwarze Streifen rund um die großen dunklen
Augen verleiht ihm dabei stets einen Ausdruck von
Entschlossenheit und Zielstrebigkeit. Kleiber haben es
immer eilig, und das macht es so amüsant, sie zu beobachten.

In jenen geruhsamen Zeiten, als die Vogelhaltung
noch ein populäres Hobby war und der gefiederte Sän-
ger die Stereoanlage ersetzte, war das gut meisengroße
Multitalent denn auch ein gefragter Pflegling. Dabei
war es allerdings nicht die Stimme, die zählte: Die
Pfiffe des Kleibers sind derart durchdringend, daß sie
im Frühlingswald weitaus mehr erfreuen als in ge-

schlossenen Räumen. Der robuste Vogel wurde dafür aber schnell zahm und bot freifliegend und -kletternd mehr Unterhaltungswert als heute das durchschnittliche Fernsehprogramm. Ein derart enges Zusammenleben von Mensch und Kleiber war allerdings nicht unproblematisch, denn biedermeierliche Wohnkultur und die Lebensgewohnheiten der »Spechtmeise« ließen sich offenbar nicht immer reibungslos vereinbaren: »Sie hacken Löcher ins Holzwerk«, resümiert ein Vogelbuch aus dem Jahre 1840 mit einem fast hörbaren Seufzer. »Wenn man sie in der Stube frei herumlaufen läßt, so verstecken sie das Meiste, was man ihnen hinwirft. Vom Hafer stopfen sie alle Dielenfugen voll, und zwar den stumpfen Teil des Korns nach unten und den spitzigen oben hinein, damit er sich besser spalten lasse.«

Weit besser als einst im trauten Heim lebt *Sitta europaea* heute in lichten Buchen- und Eichenmischwäldern, deren artenreiche Lebensgemeinschaft er als Jahresvogel repräsentieren sollte. Doch der Kleiber besiedelt gern auch andere, ebenso schützenswerte und oft bedrohte Biotope: Gärten mit altem, möglichst hohem Baumbestand. Dabei favorisiert er genau die großen, knorrigen und höhlenreichen Obstbäume, die keiner Erwerbsanbau-Norm mehr entsprechen und meist bevorzugt entsorgt werden. Nicht, daß er Nadliges in Maßen völlig verschmähen würde, aber in der sterilen Monotonie der Koniferen-Einheitsfront, die landauf, landab, die Reihen fest geschlossen, die Gärten erobert, kann er ebensowenig existieren wie die meisten anderen Lebewesen.

Hier hätte er es besser, und jedes Frühjahr, wenn wieder ein Paar die üppige Nistkästen-Kollektion inspiziert, mit der mein Garten vollgehängt ist, hoffe ich, ihnen endlich beim namensgebenden »kleiben«, beim Kleben also, zusehen zu können. Kleiber nämlich sind Höhlenbrüter, aber solche mit gehobenen Ansprüchen: Sie lieben Nistplätze in luftiger Höhe, und Standard-Wohnraum von der Stange ist ihre Sache nicht. Zwar müssen sie mit Nachmiete vorliebnehmen, weil sie nicht stark genug sind, sich selbst Höhlen zu zimmern, legen aber dennoch eifrig Schnabel an. Sie verkleinern nicht nur zu große Einfluglöcher geschickt mit Lehm, sondern glätten damit auch Ecken und Kanten im Innern von Nistkästen, bis alles dem bevorzugten Baumhöhlen-Ambiente entspricht. Beim Innenausbau arbeiten sie im Teamwork: Das Männchen schafft altes Laub, trockene Kiefernrinde und anderes Nistmaterial heran, das Weibchen verbaut es – oder wirft es, wenn es nicht paßt, kurzerhand wieder hinaus. Normalerweise produzieren Kleiber nur eine Jahresbrut, es heißt also: alles oder nichts. Das bedeutet Akkord: Um Mitte April werden die fünf bis acht Eier gelegt, zwei Wochen beträgt die Brutzeit, nach einem Monat sind die Jungen flügge, und spätestens Anfang Juli löst sich die Familie auf. Diese kurze Zeit ist für die Vögel sehr arbeitsintensiv und für Gärtner sehr erfreulich: Etwa fünfzehn Mal pro Stunde wird die Brut mit eiweißreichem Kleingetier gefüttert, darunter so ziemlich allem, was in Wald und Garten Schaden anrichtet.

Kleiber haben zwar, was die Nistplatzwahl angeht, einen deutlichen Hang zum Höheren, zeigen sich hier in der Umgebung aber kompromißbereit und brüten erfolgreich in normalen Meisenkästen. Bei mir wählen sie regelmäßig den höchsten, größten Kasten, den am Giebel der Nachbargarage, dicht am alten Apfelbaum. Ebenso regelmäßig jedoch schlägt dann das Ende aller Gärtner- und Kleiberhoffnungen zu. Das wiegt etwa zwanzig Gramm und trägt eine tief über die Augen gezogene schwarze Kappe sowie den Namen *Parus major*, vulgo: Kohlmeise. Die erhebt ebenfalls Ansprüche auf genau diesen Nistplatz und reagiert dabei auf Mitbewerber etwa so friedfertig wie ein gereizter Pitbull und so höflich wie Conan der Barbar. Da aber auch Kleiber zu den sehr durchsetzungsfähigen Kleinvögeln gehören, die vor ruppigen körperlichen Auseinandersetzungen keinesfalls zurückschrecken, fliegen bei den Kämpfen zwischen den Zwölf-Zentimeter-Rivalen buchstäblich die Federn. Jahrelang gewannen die Meisen, doch letzten Frühling begannen erstmals die Kleiber, sich häuslich einzurichten. Ich hoffte schon, bis der testosterongetriebene Meisenhahn schließlich zur finalen Attacke ansetzte. Die mündete in die brutalste Auseinandersetzung, die ich je zwischen so kleinen Vögeln gesehen habe. Am Ende fiel ein flatternder, schreiender, blau-gelb-orangefarbener Knäuel aus dem Baum und mir tatsächlich fast vor die Füße, so ineinander verbissen, daß die beiden weder meine erstarrte Gegenwart bemerkten noch der Aufprall die Meise bewog, den Flügelbug des größeren Kontrahenten loszulassen. Der erwies sich als weniger hart im Nehmen und floh, den ingrimmigen Sieger noch einen Moment mitschleppend. Zurück blieben einige blaßgelbe Meisendaunen, eine leicht fassungslose Gärtnerin – und die resignierte Erkenntnis, daß der Kleiber wohl nur sehr geringe Chancen hat, in diesem Revier jemals zum Brutvogel zu werden.

Magischer Teppich: Waldmeister

Bodendecker haben wirklich Pech: Einerseits sind sie unentbehrlich, es sei denn in manisch dauergeharkten Gärten der Kategorie »Die Wüste lebt«. Andererseits gehören sie zu denen, deren große Leistung kaum je gebührend gewürdigt wird. Funktionieren sie perfekt, so sind sie eben da. Na und? Funktionieren sie zu gut, das heißt, neigen sie zum Wuchern, gerät das Zusammenleben zwischen Mensch und Pflanze schnell zu dauernden Scharmützeln unter dem Motto: Wäre er nicht so unentbehrlich, flöge er sofort raus!

Einen gibt es, mit dem ist alles ganz anders, verfügt er doch neben dem praktischen Nutzen auch über Starqualitäten. *Asperula odorata*, dem Waldmeister, wird seit jeher ein fast magischer Charme nachgesagt, und den Ruf unwiderstehlicher Attraktivität scheint er nicht zu Unrecht zu haben. Schon, daß er überhaupt zu mir kam, war ein ebenso gutes Beispiel für seine ungewöhnliche, jede Vernunft ausschließende Anziehungskraft wie für einen jener hormongesteuerten Triebkäufe, die besonders im Frühling, in der ersten Euphorie nach der winterlichen Zwangspause, überall lauern. Ich besaß zwar nicht einmal einen Blumentopf, vom Garten ganz zu schweigen, aber ein unverhoffter Hauch von Buchenwald-Frühling auf dem großstädtischen Wochenmarkt, und schon war alles zu spät. Ich zog mit einem Töpfchen Waldmeister von dannen. Als mein Spontankauf abends in der Bahn leise zu welken begann und der typische Duft das ganze Abteil erfüllte, schnüffelten die Mitreisenden diskret. Der Herr mir gegenüber ließ die Zeitung sinken und lächelte versonnen nicht etwa mir, sondern dem kleinen Blumentopf zu, der etwas derangiert aus meiner vollgestopften Aktentasche hing.

Zunächst mußte sich der Waldmeister im sandigen Garten meiner Eltern mehr schlecht als recht durchschlagen, bis schließlich ein winziges Stück von ihm mit mir umzog, sozusagen undercover an den Wurzeln einer Gallica-Rose. Einige spärliche, dünnhalsige Quirle reckten sich, prüften das Angebot, lehmigen Boden mit reichlich Kompost, und dann verlor der

Waldmeister keine Zeit mehr. Binnen weniger Jahre explodierte er. Anders läßt es sich kaum beschreiben: Unter den großen Heckenrosen, wo einst nur der Giersch provozierend mit seinen kräftigen Blättern gewinkt hat, prangt jetzt flächendeckend ein zarter Traum in Maigrün, ein bildschöner, geschlossener Teppich aus fragilen Quirlen, über denen die schaumigen weißen Blütensternchen fast zu schweben scheinen.

Asperula odorata hat mir seitdem das Erfolgserlebnis verschafft, das mir die Rosen bis heute hartnäckig vorenthalten: das Gefühl, beim Umgang mit ihm so ziemlich alles richtig gemacht zu haben. Genaugenommen verdanke ich dieses erfreuliche Wissen natürlich »weiland Hermann Jäger«, seines Zeichens »Großherzoglich-Sächsischer Hofgarten-Inspektor«, oder vielmehr: dem Reprint seines 1913 erschienenen Büchleins »Der Apothekergarten«. Jäger hat mit Waldmeister-Anbau experimentiert und konnte mir sogar ein kleines Rätsel lösen, das richtig zu deuten ich bis dahin zu begriffsstutzig gewesen war.

Waldmeister, so fand ich bald heraus, kann ein idealer Bodendecker sein. Einerseits ist er so zart, daß man ihn leicht ziehen kann, um empfindlichen Pflanzen Platz zu verschaffen oder ihn von unerwünschten Eroberungszügen abzuhalten, andererseits aber so robust, daß er etwa die häßlichen gelben Leerstellen, die abgeblühter Lerchensporn hinterläßt, im Nu zuwächst. An Charme kommt ihm ohnehin kaum einer der Kleinen gleich. So wollte ich bald mehr davon. Um es mit dem Herrn Hofgarten-Inspektor zu sagen: »Es schien mir daher sehr an der Zeit, den Waldmeister künstlich anzupflanzen.« Mir auch, doch als ich ihn gezielt verteilen wollte, wollte er nicht, wie ich wollte. Das ewige kleine Drama: Was ich für ideal hielt, verschmähte er, wo er spontan auftauchte, wucherte er fröhlich. An seiner Ursprungsstelle dagegen stoppte er plötzlich, und das verstand ich am wenigsten. Obwohl ich keinen Standort-Unterschied erkennen konnte, war er weder mit Kompost noch mit guten Worten zu bewegen, das letzte Stück des Heckenstreifens auch noch zu besiedeln. Da er statt dessen unausgesetzt versuchte, den kleinen Grasweg zu durchwachsen, hatte ich bald reichlich Pflänzchen zum Experimentieren und fand die Methode des Hofgarten-Inspektors nahezu unfehlbar: »Hierauf machte ich an verschiedenen Stellen mehrere flache Gruben von 25 cm Weite, füllte diese mit Lauberde und pflanzte 6 – 10 Pflänzchen hinein. Den Boden zwischen diesen Pflanzungen ließ ich ganz unberührt. Nach drei Jahren war der Boden mit Waldmeister überzogen. Man sehe zu, daß man die

46

langen, unter dem trockenen Laube hinkriechenden Wurzeln, aus denen bei jedem Knoten die Stengel mit den Blüten zum Vorschein kommen, möglichst unversehrt erhält und sie schnell wieder pflanzt. Ich halte das Pflanzen auf eigene Plätze mit guter Erde für die Hauptsache, weil mir andere Pflanzungen in den bloßen Waldboden mißlangen. Man muß die gepflanzten Stöcke mit Laub bedecken und anfangs feucht erhalten.«

Nur eines verstand ich lange nicht: Warum kam selbst der eingewachsene Teppich am selben Standort mal gut, mal schlecht über den Winter? Erst die posthume Hilfe des sächsischen Waldmeisterfans lüftete das – eigentlich naheliegende – Geheimnis: *Asperula odorata* mag keine hyperaktiven Gärtner: »Der Boden eines solchen Platzes darf nicht vom Laub gereinigt werden. Als dies bei mir einige Male geschehen war, ging der Waldmeister sofort zurück. Die Beete bedeckt man mit Laub oder halbverwester Lauberde.«

Das war aller Rätsel Lösung: Die Winter, in denen das schützende Laub weggeweht war, hatte er schlecht, die, in denen es liegengeblieben war, gut überstanden. Und die Stelle, die dauerhaft zu besiedeln er sich so kategorisch geweigert hatte, war exakt der Streifen, den ich im Herbst laubfrei harkte. Seit ich das weiß, versuche ich die gefallenen Blätter lieber mit etwas Kompost zu fixieren, und siehe da: plötzlich gedeiht er. Noch ein erprobter Tip aus alten Gartenzeiten: Waldmeister liebt Rosen, oder vielmehr: Rosenbeete, und dort die schattigen Plätze unter großen Sträuchern. Dort wird er so hoch und üppig, daß jederzeit genug prächtige Sträußchen zum Verschenken und Trocknen zur Hand sind, denn das Kraut muß welken, damit sich das typische, geruchsintensive Cumarin in den Blättern entwickelt. Daß man ihn so schlecht behandeln muß, damit er so gut duftet, ist das einzig Negative, das ich diesem bezaubernden Bodendecker nachsagen kann. Ansonsten hat er seinen alten Namen »Herzfreude« wirklich rundum verdient!

Sittenlos, fröhlich und unwiderstehlich: Akeleien

Jeder Garten hat seine spezielle Lieblingspflanze. Eine, für die genau dieses Stückchen Erde wie geschaffen scheint und die den Standort, ohne Extra-Service, mit sichtbarem Wohlbefinden honoriert. Mein Garten und ich haben glücklicherweise genau den gleichen Geschmack: Wir teilen die Vorliebe für Akeleien. Mein lehmig-humoses, überwiegend halbschattiges Revier ist ein Paradies für sie, und die zarteren Spielarten, die Abkömmlinge von *Aquilegia vulgaris*, finde ich einfach unwiderstehlich. Meine erste war auch so ziemlich das letzte, was in meinem neuen Garten das rabiate Regiment meines Vorbesitzers überlebt hatte, von Giersch und Quecke natürlich abgesehen. Aus deren Mitte signalisierte im ersten Frühling ein unverkennbares, hellgrünes, tief gekerbtes Blatt ein dringendes SOS. Eine Akelei hatte, versteckt in den Wurzeln einer maroden Forsythie, Schotter, Beton und Unkraut gleichermaßen überdauert. Natürlich eilte ich umgehend zur Hilfe, legte die Akelei frei, die das umgehend mit einer bildschönen blauvioletten Blüte dankte, und versprach ihr zahlreiche Gesellschaft.

Die war leicht zu bekommen: Die ganze Umgebung, in der sich eine Lehmader durch den Heidesand zieht, ist ein Rückzugsgebiet altmodischer Akeleien. Als letztes Andenken an die ehemaligen Bauerngärten rundum sind sie überall untergeschlüpft: auf dem alten Friedhof um die Ecke ebenso wie in so ziemlich jedem ungestörten Gartenwinkel. Sogar aus einer Gehwegritze lugte eine kecke kleine Staude. Die allerdings nahm ein jähes und brutales Ende: Sie zeigte ihre rosa Blüten »unordentlich« vor einer Blauzypressen-Hecke, und auf diesen eigenmächtigen Versuch, ein trostloses Ambiente wenigstens etwas aufzulockern, stand die Todesstrafe, umgehend vollstreckt. Ich werde nie verstehen, wie man so etwas Hübsches einfach ausrupfen kann, ohne umgehend von Schuldgefühlen gepeinigt zu werden. Aber, zugegeben: Mein Garten ist auch nicht so furchtbar ordentlich.

Um so besser passen die Akeleien dorthin, und bald begann ich sie zu sammeln: Samen einer klitzekleinblütigen, weinroten Spielart aus einem Waldgarten, eine Prise von gerüschten graurosa Exemplaren, die auf englisch »Großmutters Häubchen« heißen und sich stilecht und ein wenig blasiert aus Vergißmeinnicht reckten, eine Lavendelfarbene aus dem Baumarkt, und dazu alles Aparte, was ich irgendwo kaufen konnte. Nur ausgerechnet »Nora Barlow«, die uralte, rotweiße Gartensorte, auf die ich besonders scharf war und die ich entsprechend verhätschelte, konnte sich nie zum Bleiben entschließen. Sie blühte immer bloß einen Frühling. Um so erfreulicher waren meine Erfahrungen mit den robusten Einheimischen, darunter viele verschiedene Pflanzen, die ich von den Bauplätzen rundum evakuierte, bevor der Bagger kam. Sie zogen jederzeit bereitwillig um, wenn ich nur ihre Pfahlwurzel einigermaßen unversehrt aus der Erde bekam und sie daheim so lange durchgängig feucht hielt, bis sich die mürrisch dahingestreckten Blätter wieder aufrichteten. So kam ich bald zu einer bunten Sammlung: die blaue Wildform von *Aquilegia vulgaris*, aus Samen gezogen, und deren vielfältige Verwandtschaft.

Da Akeleien, wie es in alten Gartenbüchern mit deutlich mißbilligendem Unterton heißt, ein recht sittenloses Leben führen, auf Sortenreinheit pfeifen und sich derart zügellos und erfolgreich untereinander kreuzen, daß sie einst als Fruchtbarkeitssymbole galten, zeugte diese buntgemischte Gesellschaft erwartungsgemäß interessante Nachkommen. Nach einigen Jahren begannen Sämlinge in so ziemlich jeder erdenklichen Farbe und Spielart zu blühen, und tauchten, mit dem akeleientypischen Freiheitsdrang, an allen möglichen und unmöglichen Orten auf. Sogar eine seltsame, aufrechtblühende Mutation ohne Sporn war dabei, die ein Staudenführer 1901 als »Sternförmige Bastard-Akelei« bezeichnete: »Als Kuriosität wurden sie früher in verschiedenen Farben angeboten«, heißt es weiter. »Da ihnen das markante Aussehen abhanden gekommen ist, läßt sich ihr Verlust in den Angeboten verschmerzen.« Sie sind aber nicht verloren: Zumindest in britischen Katalogen tauchen sie als »clematisblütige Akelei« längst wieder auf.

Die ganz fröhliche Gesellschaft ist ein Riesenspaß, und ein sehr bequemer dazu, denn wenn sie ihr Revier mögen, sind Akeleien rundum perfekte Gartengäste: Sie sind anspruchslos, haben aber um so mehr zu bieten. Einmal bestechen sie mit diesem Biedermeier-Charme und der filigranen Erscheinung ihrer gespornten, graziös gebeugten, über viele Jahrhunderte besungenen und gemalten Blüten. Zum anderen ist die ganze Pflanze rund ums Jahr dekorativ: Ihre hübschen

hellen Blätter kommen sehr früh, sollten zur Mehltau-
zeit im Hochsommer geschnitten werden, treiben
dann noch einmal durch und gehen, in schöner
Herbstfarbe, sehr spät. Sie verhüllen das einziehende
Laub der Zwiebelpflanzen und bilden einen attrak-
tiven Teppich, der, besser als jeder Bodendecker,
Frosch, Zaunkönig & Co. Deckung bietet. Den
Schnecken leider auch, doch die lassen die Akeleien,
ganz entgegen meinen Befürchtungen, nahezu in
Ruhe. Was will man mehr?

Die wilde Akelei soll die sagenumwobene Blaue
Blume der Romantik gewesen sein. Gut vorstellbar:
Ihre domestizierten Nachkommen, soweit sie noch die
Grazie der Wildform bewahren konnten, sind die Gar-
tenromantik schlechthin. So steht es ihnen schlecht
und zerstört viel von ihrem zarten, märchenhaften
Zauber, streng in ein Beet gezwängt oder sonstwie zu
sehr reglementiert zu werden. Am liebsten wählen sie,
vielleicht mit etwas freundlicher Nachhilfe, ihren
Standort selbst, und kluge Gärtner lassen sie möglichst gewähren. Akeleien haben nämlich die verblüffende Fähigkeit, immer genau da aufzutauchen, wo
vorher etwas gefehlt hat, und auf das vorteilhafteste zu
ergänzen, statt zu dominieren. Dazu haben sie eindeutig einen ganz besonderen Spürsinn für aparte Kombi-

nationen. Die kleine Weinrote etwa lugt aus den Funkienblättern, ein großer, üppiger Busch wächst seit Jahren zusammen mit einem Tränenden Herz, und trägt, exakt Ton in Ton, ebenfalls Rosa mit weißer Mitte. Diese beiden haben sich gesucht und gefunden. Die Gruppe in noblem Schneeweiß, von der rätselhaft ist, wie sie überhaupt aus ihrer blaurosa Umgebung »herausmendelte«, hat die dunkelste Stelle am Gehölzsaum gewählt, um sie schimmernd aufzuhellen. Die blaue Wildform residiert unter den Heckenrosen, nobel und fast unter sich, ganz die lebendig gewordene, sagenhafte Blaue Blume, wie Novalis sie beschrieb: »…die Blütenblätter zeigten einen blauen ausgebreiteten Kragen, in welchem ein zartes Gesicht schwebte.« Geselliger war die junge Staude, die mitten zwischen dem Zierlauch aufging. Ich hätte gewettet, daß sie blau blühen würde wie alle Nachbarn, hübsch natürlich, aber zu *Allium aflatunense* vielleicht eine Spur düster. Statt dessen entschloß sie sich zu einem betörenden, genau abgestuften Mattrosa. Wie machen sie das bloß?!

Die Unberechenbarkeit ist ein großer Teil des Akeleien-Vergnügens, diese alljährliche Frage: Was haben sie sich diesmal wieder ausgedacht? Ein wenig versuche ich natürlich, dem Wundertüten-Effekt nachzuhelfen: Da die blaue Spielart dazu neigt, sich in einem Bestand durchzusetzen, pflanze ich jedes Frühjahr möglichst Andersfarbige dazu, was, in freier Liebe mit den Alteingesessenen, stets neue Überraschungen verspricht. Sicher, ich habe inzwischen so viele, daß es schwer ist, überhaupt noch irgendwo eine unterzubringen, aber erstens haben sie auch noch den Pluspunkt, notfalls mit einer Pflasterfuge vorliebzunehmen, und zweitens: Kann man jemals genug Akeleien haben?

»Blush Noisette«

Das konnte wohl nur mir passieren – und wohl nur in diesem ersten Winter, als der Garten noch so neu war, daß meine Begeisterung meine Sachkunde weit überstieg. Lange, glückliche Abende hatte ich mit der Auswahl der Kletterrose verbracht, die neben dem Wohnzimmerfenster stehen sollte, dabei nur eines fest im Sinn: Eine möglichst üppige Blüte und reichlich Alte-Rosen-Charme dazu. Ein bestechendes Foto ließ meine Wahl schließlich auf »Blush Noisette« fallen. Den Hinweis, sie sei sehr frostempfindlich, überlas ich in hehrer Anfänger-Großzügigkeit. Na und? Würde ich sie eben abdecken!

Mit dem Frühjahr kam sie dann. Voll eines gerührten Stolzes, der dem bei Stapelläufen, Brückeneinweihungen und ähnlichen Gelegenheiten sehr verwandt war, zerschnitt ich feierlich den stabilen Bindfaden, mit dem der kräftige kleine Busch gefesselt war, und ... AUA!!! Während ich die aparten roten Stacheln von meinem blutenden Daumen trennte, wurde mir klar, daß ich gleich zwei Fehler auf unheilvolle Weise kombiniert hatte: 1. den wehrhaften, unter Spannung stehenden Strauch zu befreien, bevor er sicher in der Erde verankert war, und dabei, 2., auch noch viel zu dünne Handschuhe zu tragen.

»Blush Noisette« wuchs gut an, und bald freute ich mich über die Überfülle an Knospen. Gegen Sommeranfang begann ich mich dann doch zu wundern: Wieso blieben die eigentlich so winzig? Ganz einfach: Ich hatte offensichtlich noch einiges mehr überlesen und eine kleinblütige Rose statt der gewünschten großblütigen gekauft. Deren Zweige hatte ich dann sorgsam und fest aufgebunden. Zu fest: Als sich die Knospen schließlich öffneten, war das Ergebnis optisch nicht besonders ansprechend: ein kleiner hellgrüner Drahtverhau, aus dem die Blütenbüschel mit langgezogenen Hälsen erschrocken nach oben zu starren schienen. Daß ich überdies nicht gemerkt hatte, daß sich die rosa Knospen zu innen fast reinweißen Blüten öffneten, folglich vor der ebenfalls reinweißen Wand kaum auszumachen waren, fiel da kaum noch ins Gewicht.

Das legendäre Alte-Rosen-Charisma hatte ich mir irgendwie anders vorgestellt. Immer enttäuschter, immer mißmutiger umrundete ich meine Neuerwerbung und überlegte sogar, sie des Vorzugsplatzes zu verweisen. Sie schien ähnlich mißmutig zurückzustarren und dabei die Stacheln zu sträuben wie ein gereizter Igel – ein Eindruck, der vor allem dadurch entstand, daß »Blush Noisette« zwar kurze, dafür aber ungewöhnlich viele Stacheln hat, die kaum gebogen und sehr spitz sind. Angesichts dieses deutlich gezeigten Waffenarsenals reizte mich der Gedanke an eine finale Auseinandersetzung nicht besonders, zumal ich dabei auch noch die Heckenrosen im Rücken gehabt hätte. So blieb sie, wo sie war.

Das erwies sich als ebenso großer Segen wie die Tatsache, daß ich »Blush Noisette«, um meinen Fehlgriff zu kaschieren, großzügig mit Clematis umgeben hatte. Im nächsten Sommer nämlich sah alles ganz anders aus. Da ließ sie schon ihre Zweige leger von oben herabhängen und zeigte deutlich, daß ihre Blütenstände niemals starr in die Senkrechte gezwungen werden dürfen. Locker, frei und etwa in Augenhöhe wirkten sie wie ein bildhübscher kleiner Strauß.

»Blush Noisette« wächst nicht mit langen Trieben in die Höhe und trägt Blüten seitlich am Ast wie viele andere Kletterrosen, sondern ihr Habitus gleicht dem eines kräftigen Strauches, mit den Blütentrauben am Zweigende. Damit ergibt sie auch gleich noch ein ideales, stabiles Klettergerüst für begleitende Clematis. Die wanden sich, ohne zusätzlichen Halt zu benötigen, kreuz und quer durch die stachligen Zweige, und die dunkel- und vergißmeinnichtblauen Sterne mischten sich perfekt mit den rosa Knospen und weißen Blüten.

Dann kam dieser eisige Winter. Starker Frost, so stand überall zu lesen, würde für »Blush Noisette« den sicheren Tod bedeuten. Logisch, denn Noisette-Rosen stammten nicht aus unseren Klimazonen, sondern aus den Südstaaten der USA. Ursprünglich sind sie Kinder freier Liebe. Ihr Ahn war ein Zufallssämling, der Anfang des 19. Jahrhunderts auf einer Reisplantage in South Carolina aufging. Der Nachbar des Farmers, der Baumschuler Philippe Noisette, vermehrte und vertrieb diese Rosen nicht nur, er sandte auch Saatgut an seinen Bruder, der bei Paris ebenfalls eine Gärtnerei betrieb. Die Rosenklasse, die aus diesem Beginn entstand, avancierte als Noisette-Rosen zu Lieblingen ihrer Zeit. »Blush Noisette«, gezogen 1814, war die erste von ihnen und gilt als die erste mehrfachblühende Kletterrose überhaupt.

Ich versuchte nun, meine Südstaatlerin dick in

Wintervlies zu hüllen. Da sie kräftig zugelegt hatte, glich das einer Herausforderung und einem Slapstick gleichermaßen. Das Vlies hakte ständig genau da fest, wo es nicht haken sollte, und bei jedem Korrekturversuch kam ich mir mehr vor, als würde ich mit einem kräftigen Hundewelpen um ein riesiges Handtuch rangeln – stilechte Reiß- und Fetzgeräusche inbegriffen, die sowohl vom Vlies als auch von meinen Jackenärmeln stammten. Entnervt wickelte ich schließlich nur die Basis ein, der Rest blieb draußen. »Blush Noisette« ließ das, buchstäblich, komplett kalt. Inzwischen hat sie hier bis zu knapp 20 Grad Kahlfrost schadlos überstanden, höchstens noch andeutungsweise ein bißchen eingepackt. Entweder hilft ihr da die Hauswand im Rücken, oder sie ist doch deutlich weniger kälteempfindlich, als ihr nachgesagt wird.

Glücklicherweise, denn es wäre sehr, sehr schade um sie gewesen. Ihren allergrößten Vorzug lernte ich erst mit den Jahren wirklich zu schätzen: Ihr Laub ist schon beinahe unanständig gesund. Während andere Rosen sich spätestens Ende Mai wehleidig mit Sternrußtau überziehen, ist »Blush Noisette« die einzige, die ihre hellgrünen Blätter die ganze Saison, und oft sogar noch über den Winter, unbeschadet hält. *Noch nie* in mittlerweile fast einem Jahrzehnt hat sie, ungespritzt und an einem nicht optimalen Standort stehend, ernsthafte Probleme mit diesem Pilz gehabt. Um so empfindlicher sind dafür leider die Blüten, weit mehr noch, als sie es bei vielen Alten Rosen sowieso schon sind. Sie verabscheuen Regen, ja sogar bloße Feuchtigkeit. Was da nicht sicher unter dem Dachüberstand steht oder sich hinter Clematisblüten versteckt, ist in nassen Sommern verloren.

Die Rose treibt allerdings unermüdlich nach, und oft sind Spätsommer und Herbst ihre beste Zeit. Wenn es so etwas gibt, ist »Blush Noisette« eine ideale Herbstrose. Ihre Zweige sind auch nach einem langen Sommer noch attraktiv belaubt, und sie blüht in milden Wintern fast bis Weihnachten. Gehen die Blüten nicht mehr auf, tut das ihrer Schönheit kaum Abbruch: die dunkelrosa, elegant tropfenförmigen Knospen sind sogar fast noch dekorativer. Wenn diese letzten, kleinen Rosensträuße spät im Jahr vor dem Fenster hängen, von der Sonne durchschienen, mit Altweiber-Spinnennetzen behängt oder funkelnd im ersten Reif, bin ich so froh wie selten, daß ich mich nicht voreilig von »Blush Noisette« getrennt habe. Sie ist ein lebendes Beispiel dafür, daß sich sogar die dümmsten Anfängerfehler mitunter unverhofft auszahlen können.

Fußballgarten

Allen lebenslangen Bemühungen meines kickbegei-
sterten Umfeldes zum Trotz: Mir ist Fußball gleichgültig. Jedenfalls dachte ich das bis zum Eröffnungstag
der WM 2006. Da änderten sich die Dinge dramatisch.
Der Neubau meines Gartenschuppens stockte unge-
plant, weil der Materialtransport nach diversen dörfli-
chen Begegnungen mit fahnen- und flaschenschwen-
kenden Fans erheblich ins Stocken geriet. Fußball ist
eine Landplage, ich hatte es ja immer gewußt. Eben
wollte ich mich ins Haus verziehen und nach Herzens-
lust grollen, als das Wunder geschah: Es wurde still.
Ganz still. Die benachbarte Hauptstraße war, zur besten Hauptverkehrszeit, plötzlich so ruhig, wie sie es
zuletzt unter drei Zentimetern Glatteis gewesen war.
Nicht ein einziges nervendes Motorrad mehr – nichts.
Überall verstummten die freitäglichen Rasenmäher,

Kantenschneider, Schleifmaschinen, Kreissägen und Autoradios. Es war so ruhig, wie es tagsüber im Zentrum einer Mittelstadt, mit Kino und einem halben Dutzend Gaststätten rundum, überhaupt nur sein kann. Es war beinahe unheimlich, aber vor allem war es unglaublich. Keine akustische Konkurrenz mehr für Mönchsgrasmücke und Gartenrotschwanz, jeder Lufthauch raschelte im großen Kirschbaum, die Hummeln summten laut in der Nachmittagssonne, und ich hörte tatsächlich einen Teichfrosch beim Fliegenfangen schmatzen. Die Welt ringsum stand still, und übrig blieb mein Garten. Die Erfüllung aller Riesengarten-Aussiedlerhof- und Waldrandträume in einem einzigen grandiosen Moment. Hätte ich jetzt tatsächlich das Gras wachsen hören, es hätte mich nicht gewundert. Und all das verdankte ich der Weltmeisterschaft!

Überwältigt sank ich unter dem Kirschbaum ins Gras und überschlug fieberhaft die unvorhergesehenen Perspektiven: Vier Wochen! Ein ganzer Monat! Und falls die Deutschen weiterkamen ... was für ungeahnte Möglichkeiten! Plötzlich war mir klar, daß ich tief im Innern Fußball immer schon geliebt habe – je mehr davon, desto besser! Was konnte ich jetzt nur tun, um unsere Jungs möglichst lange im Turnier zu halten? Knallig schwarzrotgoldene Fahnen zwischen die zartrosa Heckenrosen zu hängen, würde ich mich zwar nur im allergrößten Notfall überwinden – aber konnte ich nicht irgendwo reichlich blühende Kokardenblumen auftreiben? Für die ist Juni zwar noch zu früh im Jahr, aber ihre leuchtend rotgoldene Blüte mit der dunklen Mitte hat tatsächlich eine derart verblüffende Ähnlichkeit mit den Kokarden der Studentenschaften aus dem deutschen Vormärz, daß der so demonstrativ demokratische Korbblütler zu Kaisers Zeiten vorsichtshalber unter seinem lateinischen Namen *Gaillardie* geführt wurde – auch wenn er den, damals fast ebenso anstößig, einem Franzosen verdankt. Ein Kübel Kokardenblumen also als botanisch wie politisch korrekten Beitrag zum neuen Patriotismus?

Und was, wenn die deutsche Mannschaft trotz so üppig blühender Unterstützung vorzeitig ausschied? Dann würde es sich natürlich anbieten, etwaige neue Favoriten von vornherein nach den gärtnerischen Möglichkeiten zu küren. Die Kombination von blau, weiß und rot zum Beispiel, in Nationalflaggen ebenso häufig vertreten wie in sommerlichen Blüten, müßte da, von der Staudenrabatte bis zum Balkonkasten, fußballbegeisterten Gärtnern unbegrenzte Möglichkeiten eröffnen …

So saß ich da, träumte und genoß, bis irgendwo ein Schlußpfiff das Nirwana zerstörte. Das anschließende Pandämonium bis zum Morgengrauen (einige der Gaststätten haben Nachtbetrieb...) knickte meine neuerwachte Fußballbegeisterung dann zwar sozusagen im Austrieb, aber trotzdem: Es hatte schon was, das Lieblingshobby nach den Spielplänen auszurichten!

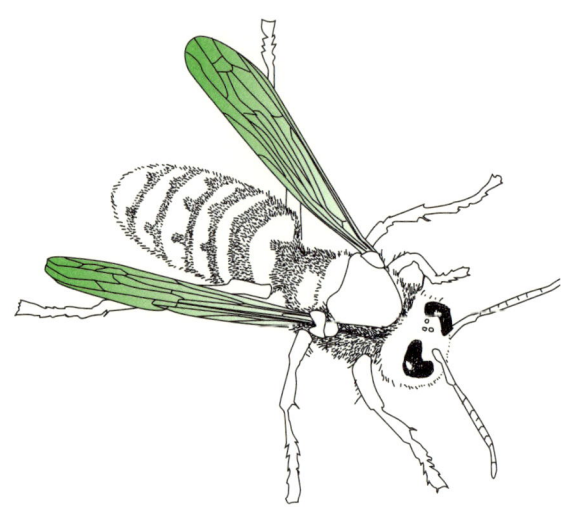

Endlich Hornissen!

Zugegeben, ich habe sie herbeigewünscht, aber ebenso zugegeben: manchmal sind sie ein bißchen unheimlich. Spätabends etwa, wenn sie im Hochsommer überall rund ums Haus jagen und dabei plötzlich mit diesem unverkennbar sonoren Brummen gegen die Fliegenfenster knallen. Dann bin ich doch erleichtert über die Gaze, die uns trennt. So ist das wohl mit den erfüllten Wünschen!

Dabei freue ich mich sehr, daß sie wieder da sind, habe ich doch lange auf Hornissen im Revier gehofft, erst recht nach jedem gruseligen Mücken- oder Wespen-Sommer. Ein Nest von *Vespa crabro* ist nämlich so ziemlich das einzige, das eine ausgewachsene Insektenplage zumindest spürbar in Grenzen halten kann, und sehr angenehme Mitbewohner sind Hornissen auch. Übrigens nicht nur im Garten: Wir haben jahrelang friedlich mit Nestern direkt am Schlafzimmerfenster gelebt, und es waren die einzigen nahezu wespenfreien Sommer. Die effizienten Jäger fallen dabei als Kaffeetisch-Konkurrenten glücklicherweise aus: Kuchen und Eis sind ihnen völlig gleichgültig. Ihre eigenen Tischmanieren lassen dafür mitunter zu wünschen übrig: Hornissen zerlegen ihre Beute noch in der Luft, bevor sie sie an den Nachwuchs verfüttern. So säumt ein endloser Regen von Wespenköpfen- und -flügeln ihre Einflugschneise, und die führte in einem Jahr direkt über meinen Gartentisch. Der Ekelfaktor war dann immer umgekehrt proportional zu der Anzahl der Wespenstiche, die ich bis dahin kassiert hatte...

Auch auf engem Raum ist ansonsten reibungslos mit den streng geschützten Hornissen leben, wenn man sich an den Knigge hält: Kein zu langer Aufenthalt direkt am Nest, da die CO_2-Konzentration in der Atemluft den Bewohnern einen lauernden Freßfeind signalisiert, kein Blockieren der Flugbahn in Nestnähe, keine zu hektischen Bewegungen. Hornissen sind tatsächlich erstaunlich tolerant und friedfertig. Ihre gefährlich wirkende Erscheinung ist vor allem Bluff und dient der Abschreckung. Sie ziehen, solange sie nur können, die Flucht dem Angriff deutlich vor. Stechen

74

sie in letzter Bedrängnis doch, so ist das zwar im ersten Moment heftig schmerzhaft, weil ihr Gift eine hohe Konzentration an Acetylcholin und anderen schmerzerzeugenden Stoffen enthält, aber sogar hier noch drohen sie mehr an, als sie schaden: Allen gruseligen Legenden zum Trotz sind Hornissenstiche nicht schädlicher als andere Wespen- oder Bienenstiche.

Nur den imposanten Auftritt der Großwespen finde ich doch immer wieder ein wenig gewöhnungsbedürftig. Sie meinen allerdings auch: Am Anfang umkreisten mich im Garten ständig interessierte Kundschafter. Wenn sie auch noch zu mehreren kamen, mußte ich mich manchmal krampfhaft daran erinnern, daß der charakteristische Zickzackflug bei keiner Wespe böse Absicht bedeutet: Sie versucht damit nur, ihre Augen auf das unbekannte Objekt scharfzustellen. Ich hoffte jedesmal inständig, daß die martialisch brummende Hornissenpatrouille das auch wußte, aber tatsächlich: Sie zogen immer friedlich ab.

Eine potentielle Konfliktsituation allerdings gibt es: Falls sich die Dämmerungsjäger abends, angezogen von Licht hinter offenen Fenstern, ins Haus verirren, kann es kritisch werden, wenn Mensch und Insekt gleichermaßen panisch reagieren. Die große Hornisse etwa, die vor Jahren nach der Kollision mit meiner

Leselampe völlig die Contenance verlor, fand den Rückweg auch im Dunkeln nicht mehr. Was ungewöhnlich ist, denn normalerweise schaffen sie das schnell. Als ich versuchte, sie einzufangen, drohte sie mit einer Attacke, zog sich aber sofort zurück, als ich hastig dasselbe tat. Ein eindrucksvolles Beispiel dafür, daß selbst sehr bedrängte und verängstigte Hornissen tatsächlich lieber flüchten, als standzuhalten, aber in dieser Situation beruhigte mich das eher wenig. Mußte ich doch das irritierte Insekt schließlich einmal durchs Haus eskortieren, von Lampe zu Lampe, bis hin zur Außenbeleuchtung. Wer sich je spätabends im steilen Treppenhaus, nervös und unzureichend bekleidet, alleine Auge in Auge mit einer ebenso nervösen Zwei-einhalb-Zentimeter-Wespe befunden hat, der wird die Erleichterung nachfühlen, mit der ich endlich die Haustür hinter ihr schloß. Seitdem sind hier die Reviere von Mensch und Hornisse durch Fliegengitter getrennt. Was auch deshalb ratsam ist, weil Irrflieger sonst morgens klamm auf dem Fußboden sitzen können und es dann verständlicherweise überhaupt nicht schätzen, getreten zu werden.

In Ruhe und bei Tageslicht können sie dagegen verblüffend gut navigieren, was ich soeben beobachten durfte, als einen Vormittag lang alle meine Fenster of-

fenstanden und die experimentierfreudigen Hautflüg-
ler prompt begannen, mein Wohnzimmer als Abkür-
zung zwischen Nest und Jagdrevier zu erschließen. Es
war faszinierend zu sehen, wie schnell ihre Flüge von
Fenster zu Fenster zielsicher wurden, aber ich zog es
dann doch vor, dieses Experiment abzubrechen. Ich
mag sie wirklich sehr, aber wie gesagt: Im trauten
Heim können sie ein wenig unheimlich sein!

Ernte im Zeitraffer:
Zucchini

Ich liebe Kürbisse. Ich finde ihre verblüffende Vitalität ebenso überwältigend wie ihre fröhlichen gelben Blüten und diese riesigen Blätter, mit denen sie die meisten Zierpflanzen buchstäblich in den Schatten stellen können. Darum reserviere ich allsommerlich einen der besten Gartenplätze für Zucchini. In einem schönen Kübel sind sie der ideale Kompromiß zwischen meiner Liebe zum Kürbis, meinem Wunsch nach möglichst bequem selbstgezogenem Gemüse und meinem ach so begrenzten Platz. Sehr dekorativ sind sie auch, und überdies ideal für alle, die im Garten mal so richtig was sehen wollen: Die Blüten sind spektakulär, den glatten grüngestreiften Früchten kann man beim Wachsen wirklich zuschauen. Zumindest dann, wenn man sie artgerecht versorgt hat: *Cucurbita pepo* ist keine Vertreterin des lauen Mittelmaßes. Die gebürtige Peruanerin beansprucht von allem reichlich: viel Platz für die raumgreifenden Blätter, kräftigen Boden, eine Menge Wasser – und vor allem viel, viel Sonne. In warmen Sommern produzieren Zucchini dafür dann auch im Zeitraffer: Morgens blühen sie, abends ist die Frucht fingerlang, am nächsten Morgen erntereif, während die nächsten Blüten schon strahlen. Und so weiter, wochenlang. Dieses greifbare Vergnügen allerdings kann durchaus zum Problem werden: Wer ißt schon wochenlang täglich Zucchini?

Ich zum Beispiel. Ich mag sie gern ganz frisch, noch mit diesem feinen Nußgeschmack, den sie beim Lagern so schnell verlieren, und ich kann mir einen Hochsommer ohne Zucchini überhaupt nicht mehr vorstellen. Dabei sind sie noch gar nicht lange in unseren Breiten heimisch: Erst vor etwa fünfzig Jahren, während der großen Wirtschaftswunder-Reisewelle ans Mittelmeer, brachten Touristen neben Chianti in Korbflaschen auch Zucchinisamen als Souvenir über die Alpen, und bis die temperamentvollen Neuankömmlinge den konservativen deutschen Gärtnern ans Herz gewachsen waren, dauerte es noch einmal seine Zeit.

In Kultur ist *Cucurbita pepo* allerdings schon weitaus länger. In ihrer Heimat, dem tropischen Mittel- und Südamerika, sollen sie wie andere Kürbisse schon bis zu 5000 Jahren vor unserer Zeitrechnung angebaut worden sein, zusammen mit Mais und Bohnen. Mit den Schiffen der Konquistadoren kamen, neben vielen anderen Pflanzen wie Kartoffeln und Tomaten, auch die Kürbisse nach Europa, die fortan vor allem im Mittelmeerraum prächtig gediehen. Botanisch gesehen sind diese vitalen Giganten übrigens Beeren, die größten der Welt – und Zucchini sind nichts anderes als jung geerntete Kürbisse. Inzwischen gibt es sie in vielen verschiedenen Variationen: traditionell erdgebunden oder kletternd wie die Sorte »Black Forest«, herkömmlich grüngestreift oder bananengelb wie »Goldrush«, wie gewohnt länglich oder ballrund.

Ein wirklich unerschöpfliches Gartenvergnügen also, aber den spektakulären Zucchini-Sommer 2003 werde ich so schnell nicht vergessen. Der brachte selbst mich an den Rand meiner kulinarischen Begeisterungsfähigkeit. Nach den Mißernten der vorhergehenden Regenjahre hatte dieses Mal einfach nichts schiefgehen sollen. So hatte ich nach den Eisheiligen gleich zwei Pflanzen in einen großen Kübel gesetzt, großzügig gefüttert und gegossen, und diesmal ging tatsächlich nichts schief. Im Gegenteil: Eine trug immer, meist sogar beide. Und zwar reichlich. So viel Zucchini war nie, und ich probierte sie in allen erdenklichen Variationen: roh und geschmort, als Beilage, Hauptgericht und Salat, mit Tomaten und ohne, mit Knoblauch, Zwiebeln, Pilzen und Oliven, süßer und saurer Sahne, mit Fleisch und Fisch, mit frischem Parmesan, mit Petersilie, Dill oder Rosmarin aus dem Garten, eingelegt mit Kapuzinerkresseblättern … und so weiter. Bis ich irgendwann verblüfft feststellte, daß ich tatsächlich einen vollen Monat lang jeden Tag eigene Ernte gegessen hatte. Anfang August war ich endlich soweit, die üppigen Früchte meines Fleißes (inzwischen schluckte der Kübel gute zwanzig Liter Wasser pro Tag), mit der gartenlosen Mitwelt teilen zu wollen. Doch seltsamerweise stieß meine Großzügigkeit auf überaus gedämpften Enthusiasmus. Sobald das Wort »Zucchini« fiel, litten potentielle Mitesser plötzlich unter rätselhafter Appetitlosigkeit. Sollte ich etwa den richtigen Zeitpunkt verpaßt haben?

Offensichtlich: Auf dem Wochenmarkt standen inzwischen, separat vor dem Gemüsestand, riesige Kisten: kubikmeterweise Zucchini aller Größen, von zierlichen Gürkchen bis hin zu Rekordexemplaren, die ausgehöhlt vermutlich einen stattlichen Einbaum abgegeben hätten. »Nehmen Sie bloß reichlich mit«, rief mir der Gemüsehändler mit einem deutlichen Unterton von Verzweiflung zu. »Wir wissen wirklich nicht mehr, wohin damit! Die wachsen dieses Jahr schneller, als man sie ernten kann, die hören einfach nicht mehr auf!« Angesichts meiner eigenen Erfahrungen mit dem Fruchtbarkeits-Festival konnte ich mir diesen Nebeneffekt des Klimawandels so richtig schön vorstellen: Das ganze Alte Land von enthemmten Zucchini überwuchert. Die Sonne sengt, die Karotten ducken sich unter der Erde, die Bohnen versuchen, per Ranke zu entkommen, und hier und da späht ein unbeugsamer Gemüsebauer hoffnungslos aus silbrig grünen, gezackten Blättern, die Arme voller riesiger gestreifter Keulen …

Der Trend ging tatsächlich in diese Richtung: Als nächstes traf ich einen Gärtner, der mir zuerst erzählte, daß er, weil die Familie inzwischen angesichts noch so geschickt getarnter Zucchini auf dem Teller eisern streikte, die Tagesausbeute jetzt zu Suppe verarbeitete und einfror. Auf gut fünf Liter kam er immer. Dann strahlte er: »Gestern hab' ich richtig Glück gehabt! Ich hab' noch jemanden gefunden, der niemanden kennt, der ihm schon Zucchini geschenkt hat. Da bin ich zwei große losgeworden!« Falls auch dieser Sommer ähnlich opulent ausfällt, werden derartige

Adressen vermutlich bald als Geheimtip gehandelt werden. Wenn es nämlich etwas gibt, was wir Hobbygärtner absolut nicht fertigbringen, dann, die eigene Ernte wegzuwerfen – oder auch nur an Ignoranten abzugeben, die nicht wenigstens so tun, als ob sie sich darüber freuten!

Den bedauernswerten alten Herrn auf dem Wochenmarkt dagegen hatte die überbordende Vermehrungsfreude der Gattung *Cucurbita* eindeutig schon an den Rand seiner Belastbarkeit getrieben. Als seine Gattin beherzt in die Riesenkiste mit den Zucchini griff, entfuhr ihm jäh ein plattdeutscher Entsetzensschrei, hörbar aus tiefster Seele: »Tzuttschini?! Schon wedder? Gau mi bloß aff mit düssen Schiet!« Lautstark und dringend begehrte er nach einheimischen Dicken Bohnen, nach handfesten Wurzeln, nach solidem Speck, aber vergeblich. Ein rigoroser Verweis auf die sagenhaft niedrigen Preise beendete sein letztes Aufbegehren (»... hebb wi früher ock nich ...«). Geschlagen, eine große Tüte grüngestreifter Früchte in der Hand, zottelte er schließlich mißmutig von dannen – der nächsten Zucchinimahlzeit entgegen.

Tauben-Slapstick

Es läuft, oder besser, fliegt immer gleich, und jedesmal, wenn ich zufällig am Fenster stehe, halte ich den Atem an: Sobald es dämmert, verläßt das fette Ringeltaubenpaar die hohe Nachbarfichte und nimmt mit entschlossenem Flügelschlag Kurs auf mein Schlafzimmerfenster. Erst direkt vor der Kollision scheint den Vögeln aufzufallen, daß da mit dem Haus ein Hindernis in ihrer Flugbahn steht. Mit hektischem Flattern reißen sie sich fast senkrecht hoch, so daß die Unterseite der Schwanzfedern aufleuchtet wie ein schwarzweißer Fächer, um dann mit einem laut hörbaren Plumps auf dem Dachfirst zu landen. Fast meint man, sie erleichtert aufseufzen zu hören, weil sie diese flugtechnische Herausforderung auch heute wieder glücklich gemeistert haben. Ich fühle mit ihnen, jedesmal. Kommen sie der Hauswand nämlich zu nahe, werfen sie meist noch schnell Ballast ab – und wie lästig das sein kann, weiß nur, wer schon flüssigen Taubenmist aus Drahtgaze-Fliegenfenstern entfernt hat.

Auch sonst verhält sich *Columba palumbus* mitunter merkwürdig: In einem Herbst hockte fast jeden Morgen eine völlig weggetretene Taube auf dem Hof. Sie erholte sich schnell, aber am nächsten Tag saß sie wieder genauso dösig da. Natürlich kam, was kommen mußte: Terrier Kümmel griff zu, oder versuchte es zumindest. Es folgte eine Eruption von Geflatter inmitten einer Wolke grauer Federn, im Zentrum ein in völliger Ratlosigkeit erstarrter Hund, der niesend zurückblieb, während die Taube nach dieser effektiven Schockmauser mühsam über den Nachbarzaun entkam. Der Schornsteinfeger erklärte mir später, was da passierte: Bei Kälteeinbrüchen suchen viele Vögel die Nähe warmer Schornsteine, und schon die minimalen Abgase einer Gasheizung reichen aus, um einer ausgewachsenen Taube einen ebenso ausgewachsenen Rausch zu verschaffen.

Ringeltauben haben offenbar eine ausgeprägte Neigung zum Slapstick. Die Natur, so habe ich einst gelernt, ist blutig an Zähnen und Klauen, generell sehr ehrfurchtgebietend – und uns inzwischen so fremd, daß der Abschuß eines »Problembären« ungefähr so viele Schlagzeilen macht wie einst der Mord an John F. Kennedy. Daß diese Natur mitunter aber auch einem lebenden Comic gleicht, wurde mir erst später klar, und meine Ringeltauben liefern dafür immer wieder eindrucksvolle Beispiele. Ich bilde mir jedenfalls ein, daß es »meine« sind, und das seit längerer Zeit. Denn obwohl diese Kulturfolger normalerweise eher auf Distanz bedacht sind, ist ein dickes Duo hier auffallend zutraulich und findet sich regelmäßig mittags zuerst auf dem Schuppendach ein, um dann zum Trinken und Futtersuchen im Hof zu landen. Das führte im letzten Sommer zu einer ganzen Serie von Mißverständnissen zwischen Mensch und Taube.

Sie begannen damit, daß wir besagten Schuppen abrissen und während des Neubaus draußen zu Mittag aßen, direkt neben der Vogeltränke. Die nicht enden wollende Verwirrung, in die das die beiden Tauben stürzte, sorgte dabei für allerbeste Unterhaltung. Schon, daß ihr Landeplatz einfach nicht mehr vorhanden war, überstieg das Vorstellungsvermögen der Vögel deutlich. Nach mehreren vergeblichen Anflügen landeten sie dann genau über uns im Kirschbaum und tippelten frustriert gurrend auf den dicken Ästen entlang, bis wir endlich den Weg zur Tränke freimachten. Als wir anfingen, dieses Gurren nachzuahmen, verlor eine der Tauben vollends die Contenance. Sie kam, unausgesetzt rufend, immer tiefer, spähte grimmig nach dem vermeintlichen Rivalen aus und entschloß sich jäh zu kühner Aktion: Im Tiefstflug schoß sie direkt zwischen uns über den Tisch, daß die Servietten im Luftzug flatterten, und versuchte dann, auf der abseits abgestellten großen Papiertonne zu landen. Dabei rutschte sie auf dem glatten Plastikdeckel aus und schoß fast über die Kante, haargenau wie der legendäre Zeichentrick-Albatros, startete wieder durch und flüchtete. Kein besonders würdevoller Auftritt, aber ein voller Erfolg.

Daß der nächste Anflugversuch später in völliger Konfusion endete, lag ebenso an meiner Schlampigkeit wie an der Tücke des Objekts. Ich hatte zur Mittagspause, erledigt von der Räumerei, so ziemlich alles da stehen lassen, wo es gerade stand: die Schubkarre neben der Vogeltränke, die Baumsäge mit dem langen, metallenen Stiel längs darüber. Terrier Kümmel hatte das idyllische Szenario noch dadurch abgerundet, daß sie sich aus der Mittagshitze in den spärlichen Schatten der Schubkarre verzogen hatte. Die Tauben waren auch diesmal pünktlich, und auch diesmal fanden sie ihre Tränke verstellt. Nur waren sie, vermutlich weil wir uns für ihre unterhaltsame Gesellschaft tagelang mit Brötchenkrümeln revanchiert hatten, inzwischen deutlich kühner. Eine von ihnen flog direkt die Schubkarre an und landete auf dem überstehenden Gerätestiel. Ein Fehler: Der metallene Stiel wippte unter dem pfundschweren Vogel hoch und schlug laut krachend auf den ebenfalls metallenen Schubkarrenrand, genau über dem schlafenden Hund. Taube und Terrier explodierten förmlich in verschiedene Richtungen.

Inzwischen hat sich alles wieder beruhigt – abgesehen davon, daß die Ringeltauben dieses Jahr sozusagen vorgehen. Als erste Vögel haben sie schon im Dezember hingebungsvoll zu rufen und zu balzen begonnen. Was in diesem seltsam warmen Winter aber wohl eher normales Verhalten ist – ausnahmsweise.

Dunkle Schönheit

Ja, der Sommer war sehr groß – aber der Kater auch. Zumindest kurzfristig. So dramatisch wie mit dem harten Wechsel von heiß auf eisig ging selten eine Hochsaison zu Ende. Der Überschwang, das gleißende, mediterrane Licht, der Rosenduft, die Süßkirschenzeit – alles weg, buchstäblich über Nacht. Der Garten schien abzuhängen wie am Morgen nach einer rauschenden Party, zerfleddert, müde und in lustlosem Stumpfgrün. Ich mochte kaum hinsehen, weil ich mich ob des abrupten Entzuges ähnlich fühlte und es diesmal noch weniger glauben konnte als sonst: Schon *wieder* alles vorbei? Glücklicherweise ist der alljährliche, unvermeidliche Sturz in den Alltag im Spätsommer doch etwas erträglicher als im November: Er ist noch befristet. Mit dem Herbst kam die Sonne zurück, und die ganze Pracht ebenfalls, wenn auch verändert: die Äpfel werden reif, die Hagebutten leuchten, die Rosen blühen wieder – und an Chrysanthemen und später Heide auf dem Wochenmarkt sehe ich einfach stur vorbei. Ich habe sogar noch einen Restbestand Sommer: an der Buddleia, die eigentlich längst verblüht sein müßte, zeigen sich noch winzige violette Rispen. Und ob winzig oder nicht: Das bedeutet noch einmal Schmetterlinge, die letzten. Da außerdem noch Fallobst lockt, sind es sogar, bis die Nächte zu kalt werden, die besonders großen, schönen Wanderfalter, darunter meist ein stattlicher, standesgemäß schwarzweißroter Admiral.

Es klappt wirklich fast von selbst, wie eine Umkehr des Seneca-Zitats: »Wo die Natur nicht will, ist die Arbeit umsonst«: Arbeit macht's kaum, die Natur will eigentlich immer, und der Aufwand steht in keinem Verhältnis zur Freude. Man erwirbt eine *Buddleia davidii*, auch Sommerflieder genannt, oder läßt sich im Herbst von einem freundlichen Mitgärtner Steckhölzer schenken. Die bewurzeln fast so schnell wie Weidenzweige, und der Strauch ist ähnlich anspruchslos. Nur Sonne möchte er, und sei es im Kübel auf dem Balkon. Ansonsten braucht man sich bloß noch zurückzulehnen und auf die Schmetterlinge zu warten. Die sind übrigens wählerisch, wenn sie die Chance haben, und ziehen die rotviolette Sorte »Royal Red« den anderen Farbvarianten deutlich vor.

Das Problem ist das Timing: Ist der August naßkalt, fliegen die Falter nicht. Folgt ein sonniger September, kommen sie zwar wieder, bloß: die Buddleia blüht dann nicht mehr. Glücklicherweise läßt sich der Strauch aber überlisten. Wenn jede verblühte Rispe ausgeschnitten, er also am Lebenszweck Samenbilden gehindert wird, geht er an die Reserven und öffnet, vermutlich in der Hoffnung, doch noch jede erreichbare Pflasterfuge mit winzigen Buddleien zu bevölkern, immer kleinere Blütenrispen darunter. Bis in den Oktober habe ich so schon Schmetterlingsköder bekommen, auch wenn sich stylingbewußte Gärtner beim Anblick dieser botanischen Irokesenfrisur schütteln dürften. Doch der einzige Lebenzweck meiner Buddleia ist das Anlocken von Insekten, je länger, desto besser, und wenn sie dabei langsam den Habitus einer angejahrten Spülbürste annimmt, ist denen das egal. Mir folglich auch. Im Frühjahr wird ohnehin kurz zurückgeschnitten, und ohne tierische Besucher kann ich dem ostasiatischen Gehölz sowieso nicht allzuviel abgewinnen. Außerhalb der Blütezeit sieht es langweilig aus, neigt ständig zum Auseinanderfallen und läßt bei Trockenheit wehleidig die Blätter hängen. Den für Fal-

ter so betörenden süßfaden Geruch, der an den von
verblühendem Phlox erinnert, finde ich eher zum Wür-
gen. Aber, siehe oben: Mir soll er ja auch nicht gefal-
len.

Die Schmetterlingssaison allerdings hatte diesmal
einen merkwürdigen Höhepunkt. Im späten Nachmit-
tagslicht saß ein Falter am Fallobst, den ich bisher nur
auf Fotos gesehen und in der Innenstadt nie vermutet
hatte: groß, kräftig und von einem samtig schimmern-
den, ins Schwarze changierenden rötlichen Tiefbraun,
fast wie eine viel zu dunkle Kastanie. Um die Flügel-
ränder zog sich im auffallenden Kontrast ein hellgelbes
Band mit türkisfarbenen Tupfen. Ein Trauermantel,
Nymphealis antiopa, einer der seltensten Tagfalter,
und, seiner unorthodoxen, fast erschreckenden dunklen Schönheit wegen, auch ein weltweit mythenum-
wobener. Er gilt, im Gegensatz zur fröhlichen bunten
Verwandtschaft, als sinister, oft sogar als Todesbote,
und dieser dunkle Schmetterling mit dem schwefelgel-
ben Flügelsaum soll die Seele des Buddha gen Himmel
getragen haben. Mein Gast war scheu, flog schnell
hoch auf und übers Dach davon. Noch während ich
ihm nachsah, klingelte drinnen das Telefon. Mit einer
Todesnachricht, die mich ziemlich erschütterte, in
jeder Hinsicht. Natürlich weiß ich, daß Wanderfalter

eben wandern, oft sehr weit, und daß sie Obstsaft ebenso lieben wie Buddleien. Dafür habe ich die Schmetterlingssträucher schließlich gepflanzt. Und doch: Was ich nun eigentlich von diesem Besuch halten soll, weiß ich beim besten Willen nicht …

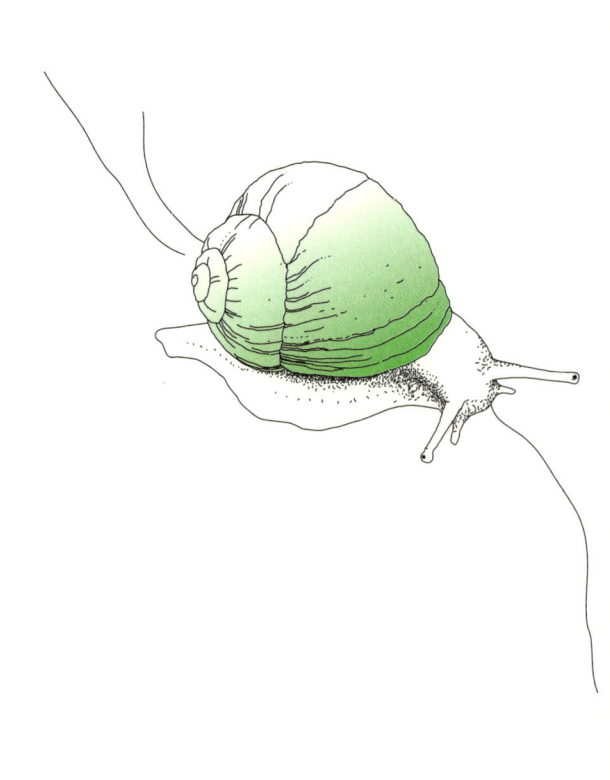

Die Entdeckung der Langsamkeit: Schnecken

Es gibt Tage, die machen den Gartenherbst beinahe hassenswert. Besonders fies zeigte sich jener späte, naßkalte Nachmittag, an dem ich endlich das Regenfaß ausleeren mußte, bevor es fror. Deprimierender kann ein Saisonende kaum ausfallen, dachte ich – aber weit gefehlt. Daß ein Spitzmaus-Unterschlupf unter dem Faß gewesen war, wußte ich genau, hatte ich doch Terrier Kümmel ständig von der Jagd auf dessen Bewohner abgehalten. Was ich jetzt durchaus bereute. Im Versteck des Miniräubers nämlich lag etwas, das mir nur zu vertraut war: ein leeres Weinbergschneckenhaus mit einem unverkennbaren senkrechten Kratzer. Nicht alle Gartenmärchen haben ein Happy-End.

Die erste Begegnung mit dieser Schnecke hatte tatsächlich etwas Märchenhaftes gehabt, auch wenn das Wetter ebenso ungemütlich gewesen war wie die Begleitumstände. Ein Frühsommer, der selbst für die norddeutsche Tiefebene neue Nässerekorde setzte, und folglich neue Vermehrungsrekorde für *Arion lusitanicus*, die Spanische Wegschnecke. Sie hatte meinen schattigen und dichtbewachsenen Garten schon regelrecht überrannt und abgefräst, was immer ihr dabei vor die Raspelzunge gekommen war, als ich endlich, ungern, zur finalen Nothilfe griff. Ich bestreute das halbe Grundstück großzügig mit Ferramol. Und genau in dem Moment, in dem ich mit der leeren Packung auch mein latent schlechtes Gewissen wieder ins Haus tragen wollte, glitt sie plötzlich unter den Heckenrosen hervor und auf mich zu: eine große, schöne Weinbergschnecke. Sie glitt ungerührt durch die Regenböen, majestätisch und erstaunlich schnell, und erinnerte mich dabei an ein winziges Segelschiff, das unbeirrt Kurs auf dem Grasweg hielt. Oder eher an dessen Galionsfigur?

Ich hätte nicht viel fassungsloser sein können, wenn plötzlich ein Brontosaurus seinen Hals aus meinem Rosenbeet gereckt hätte. Wo, um Himmels willen, kam *die* denn her? Hier und jetzt? Mitten in der Stadt, mitten am Tag? Nie hatte ich in der ganzen Umgebung auch nur eine Weinbergschnecke gesehen, und nun, direkt nach vollendetem Giftanschlag, lief mir plötzlich eine buchstäblich vor die Füße? War das jetzt Wirklichkeit oder bloß eine Ausgeburt meiner schuldbewußten Molluskenmörder-Phantasie?

Real war sie zumindest, wie ich, nachdem ich mir diskret in den Arm gekniffen hatte, feststellte, und erstaunlich schwer für so ein kleines Tier dazu. Ich nahm sie mit ins Haus, wo sie sich unverzüglich über eine angebotene Gurkenscheibe hermachte und sich dabei geduldig fotografieren ließ. Dabei fiel mir auf, daß ihr Häuschen einen senkrechten Kratzer trug, der aussah wie ein zugewachsener Sprung. Doch was nun? Wegbringen? Wohin? Daß sie Koniferen und Kiefernwald rundum mögen würde, war leider nicht anzunehmen: Weinbergschnecken hassen sauren Untergrund. So ließ ich sie schließlich in der Hecke, wo sie hergekommen war, und hoffte inständig, daß sie in dieser sicheren Zone bleiben würde. Fortan ging ich mit noch zwiespältigeren Gefühlen auf die Nacktschnekkenpirsch und dachte dabei oft an die, ja, stolze Erscheinung, die da aufgetaucht war wie ein lebendes Symbol für den ewigen Gärtnerzwiespalt zwischen Tötungshemmung und Revierverteidigung. Doch ich sah sie nie wieder.

Bis ich zwei Jahre später den Giersch unter der Hecke zu roden versuchte. Dabei fiel mir plötzlich eine Weinbergschnecke entgegen, eine mit einem senkrechten Kratzer im Häuschen. Fortan trafen wir uns zwar öfter, aber immer noch sehr sporadisch, bis sie sich im letzten Frühjahr aus unerfindlichen Gründen entschloß, ihre diskret verborgene Lebensweise aufzugeben. Nun sah ich sie fast jeden frühen Morgen, und sogar das Rätsel um ihre Herkunft lichtete sich ein bißchen, als mich eine Nachbarin dabei beobachtete, wie ich sie mir über den Arm laufen ließ. »Das haben unsere Kinder auch immer gemacht«, rief sie und erzählte mir, daß es noch dreißig Jahre zuvor in den großen Bauerngärten rundum viele Weinbergschnecken gegeben habe. Heimisch sind sie in unseren nördlichen Breiten allerdings nicht: *Helix pomatia*, wärmeliebend und, wie der Name schon sagt, ursprünglich weiter südlich daheim, wurde vor allem von ihren menschlichen Freßfeinden nordwärts verbreitet. Einst nämlich waren die fetten Brocken, nicht Fisch, nicht Fleisch, als Fastenspeise erlaubt und wurden besonders von Mönchen hochgeschätzt und als lebende Konserven in Klostergärten gehalten.

Meine Mitbewohnerin war vor meinen kulinarischen Gelüsten sicher, dafür lernte ich ihre um so ge-

nauer kennen. Sie favorisierte vor allem herabgefal-
lene Blütenblätter. Dafür glitt sie gartenweit: Erst unter
den Flieder, dann zum Türkenmohn, und als ich ihr
zuliebe Rosenblütenblätter liegen ließ, traf ich sie
genau so lange daran an, bis die Deutzienblätter fielen
wie Schneegriesel und die der Clematis folgten. Nie
aber sah ich sie auch nur einmal an einer lebenden
Pflanze, geschweige denn, daß sie sich, wie *Arion lusitanicus*, mit dieser provozierenden Zielsicherheit über
jede nur erreichbare Knospe hergemacht hätte. Statt
dessen hatte sie, offenbar als Abwechslung zur ständig
parfümierten Feinkost, eine ausgesprochene Vorliebe
für trockenes Moos. Tagelang fraß sie, zuvorkommen-
derweise immer in Sichtweite des Küchenfensters,
malerische Spuren durch den dichten grünen Pelz auf
den Brettern meines Hochbeets – bis sie plötzlich wieder zu den Rosenblättern abwanderte.

Für mich war diese erste Schnecke, die ich sozusagen persönlich kennenlernte, so etwas wie die Entdek-
kung der Langsamkeit. Ihr zuzusehen, wie sie friedlich
und ohne eine Spur von Hektik, Gier oder Aggressivi-
tät durchs Revier zog, ersetzte allemal jede Entspan-
nungsübung. Ich gewöhnte mich so sehr an die stille,
würdige und dekorative Gegenwart meines Maskott-
chens, daß mir der Garten erst dann komplett er-

schien, wenn ich wußte, wo die stattliche Schnecke sich aufhielt. Da sie sehr reviertreu war, war sie nie schwer zu finden. Ganz nebenbei lehrte sie mich auch den Unterschied zwischen ihresgleichen und ihrer rabiaten Verwandtschaft: Wenn Schnirkelschnecken, deren größte einheimische Vertreterin *Helix pomatia* ist, nicht in solchen Massen auftreten, daß sie schon dadurch zu Schädlingen werden müssen, kann man, mit ein bißchen Gärtnertoleranz, durchaus mit ihnen teilen. Mit den großen Nacktschnecken dagegen gibt es keine friedliche Koexistenz: Die wollen alles, und zwar gnadenlos.

Ende Juli dann war sie plötzlich verschwunden. Sie fehlte mir sehr, aber zunächst nahm ich an, sie sei in Sommerruhe gegangen und würde wieder auftauchen, wie stets in nun schon sechs Jahren. Bis mich ein trüber Herbsttag eines Schlechteren belehrte. Nach diesem speziellen Schneckensommer hasse ich die Molluskenjagd noch mehr denn je, und auf meinem Bücherregal liegt jetzt ein leeres Häuschen, eins mit einem zugewachsenen Sprung – eine kleine Erinnerung daran, wie zwiespältig das Gärtnerleben gelegentlich sein kann.

Darwin für Gärtner

»Tuscany« wollte nicht. Die schöne große Gallica-Rose verweigerte sich dem Umzug mit einem Beharrungsvermögen, das ahnen ließ, wie sie gut 500 Jahre wechselvoller Gartengeschichte überlebt hat. Dabei wurde mir endlich klar, was »Rosenstock« oder »Tiefwurzler« wirklich bedeutet: dickes, hartes, wie eine Alraune verschlungenes Holz, mit reichlich drahtseilartigen Fäden in unergründlicher Tiefe vertäut. Eine Kombination, die menschlichem Streben etwa so zugänglich ist wie ein Schiffsanker. Zumindest wenn sie, wie in diesem Fall, auch noch an eine Mauer angelehnt und nur von einer einzigen Stelle aus mühsam zugänglich ist. Erschwert wurde die Arbeit zusätzlich dadurch, daß »Tuscany« und ihre Nachbarn ihr Bestes taten, mir mit ihren überhängenden Zweigen so viel Schaden wie möglich zuzufügen. Das allerdings war, gemessen am

Familienstandard, eher ein rührend untauglicher Versuch. Verglichen mit den mörderischen Angelhaken, mit denen der militantere Teil der Verwandtschaft aufgerüstet hat, sind die spitzen kleinen Stacheln der Gallicas schon beinahe niedlich. Wenn auch unangenehm zahlreich und ziemlich lästig, solange man sie im Nacken hat.

Trotzdem unterdrückte ich den aufwallenden Frust und gab mir statt dessen alle Mühe, die Wühlerei als genau die bewußtseinserweiternde Meditationsübung zu nutzen, als die Gartenarbeit in Hochglanzpublikationen gelegentlich angepriesen wird. Wenn man schon derart schuften muß, kann es einem genausogut gleich den Weg zu höherer Weisheit ebnen! So konzentrierte ich mich auf einen Juni voller samtroter Blüten und verfolgte, inzwischen kniend und tief gebückt, die Wurzel nach unten, während »Tuscany« meinen Bemühungen weiterhin die unerschütterliche Gleichmut uralter Aristokratie entgegensetzte. Irgendwann war ich verzweifelt genug, um mit meiner Rose zu sprechen, und landete schließlich bei einem Vokabular, das im Umgang mit der Königin aller Pflanzen vermutlich nicht ganz adäquat war, die Verfasser von Ratgebern à la »Gärtnern in Harmonie mit dem Universum« hätte erbleichen lassen, aber immerhin endlich half. Zumindest mir. Die Wurzel im harten Lehm begann sich tatsächlich zu bewegen. Genau da tat ich, was ich nie hätte tun dürfen: Ich packte den Strauch und zog mit einem ungeduldigen, heftigen Ruck nach oben. In dem Sekundenbruchteil, in dem ich wußte, *wie* falsch das war, kam schon der scharfe Stich quer durch die Rippen, der unmißverständlich zeigte, daß nicht »Tuscany« zuerst nachgegeben hatte, sondern mein Rücken. Gärtnern kann so schmerzhaft sein. Jedenfalls dann, wenn man blöd genug ist, sich dabei derart überflüssige Blessuren zu holen.

Chancen dazu gibt es im eigenen Revier allerdings so viele, daß es manchmal verblüffend ist, daß generell nicht mehr passiert. Vor allem jetzt, in der herbstlichen Schnittzeit, bietet die Kombination aus potentiell letalen Gerätschaften, widerspenstigen Gehölzen, Leitern in luftiger Höhe und zu allem entschlossenen Pflanzenpflegern da mannigfache Möglichkeiten. Der unbefangene Umgang eines meiner Nachbarn mit der Kettensäge etwa läßt mich seit Jahren rätseln, warum es eigentlich nicht noch viel mehr risikobereite Gartenfreunde unter die Preisträger des Darwin-Awards geschafft haben, jener makabren Trophäe, die, unter dem Motto »Evolution in Action«, alljährlich und umständehalber posthum für möglichst spektakulären

Rückzug aus dem menschlichen Genpool verliehen wird. Sprich: für preiswürdig dämliche Selbstentleibung. Bis jetzt habe ich unter den Kandidaten weltweit erst zwei Gärtner gefunden. Der eine hatte, zum Schutz gegen Räuber, seine Tomaten mit Starkstrom umzäunt, den aber leider vor der Ernte auszuschalten vergessen. Seinem deutschen Leidensgenossen gelang es, sogar diesen denkwürdigen Exitus noch zu toppen: Er schlug zum Maulwurfs-Vergrämen flächendeckend reichlich Metallstäbe in die Erde und setzte die ebenfalls unter Starkstrom. Ergebnis: Gärtner sofort tot, was aus dem Maulwurf wurde, ist nicht bekannt.

Ich selbst bin eher der zaghafte Typ, der martialische Elektrogeräte tunlichst meidet und sich dem Häcksler am liebsten in Ganzkörper-Schutzkleidung nähert. Bei mir bekommt die Evolution zuverlässig immer dann ihre Chance, wenn, wie im Fall der heimattreuen »Tuscany«, mein Adrenalinspiegel meinen Intelligenzquotienten deutlich übersteigt. Etwa, als ich diesen Bambusstab ewig nicht in den Lehmboden bekam und es ebenfalls mit einem wütenden Ruck versuchte. Der splitternde Stab verfehlte mein rechtes Auge nur knapp. Unangenehm auch, als ich, beim Abschneiden welker Kürbisblätter, in spontaner Begeisterung synchron zum Schnitt auch noch eine besonders schöne Blüte hervorziehen wollte und mir dabei die Rosenschere heftig in den Finger setzte. Dummerweise benutze ich die gelegentlich auch für artfremde Aufgaben, etwa zur Schneckenjagd. Dieser Gartenmorgen endete zur Tetanus-Impfung in der Arztpraxis.

»Tuscanys« Umzug führte mich ebenfalls dorthin. Als ich später, mit halbwegs zurechtgerücktem, aber immer noch heftig protestierendem Rücken, meiner ebenfalls recht derangiert wirkenden Rose Wasser an den neuen Platz schleppte, nahm ich mir bei jeder schmerzenden Kanne ernsthafter vor, nicht wieder derart die Contenance zu verlieren. Fortan werde ich verstärkt nach jener souveränen Ruhe streben, die Idealgärtner angeblich auszeichnet. Sollte es etwa doch stimmen, daß sogar Buddeln den Pfad zur Weisheit ebnen kann – wenn auch auf ziemlich seltsamen Umwegen?

PS: www.darwinawards.com

Frust und die Folgen: Pastinaken

Es war einer jener Tage, die den Februar so fürchterlich deprimierend machen können. Die Gartenpause, nach der herbstlichen Wühlerei zunächst hoch willkommen, begann sich ins Unermeßliche und Unerträgliche zu dehnen. Draußen war es, wie seit Wochen, naßgrau: kein richtiger Winter und erst recht noch kein Anzeichen für Frühling. Abgesehen vielleicht von jenem einsamen Schneeglöckchen, das seinen verfrühten Auftritt zu Weihnachen sichtlich bitter bereut hatte, ehe es eines jämmerlichen Regentodes starb. Das Schlimmste war: Es gab genau *überhaupt nichts* zu tun, was Grünabhängigen zum Frustabbau hätte dienen können. Alles Harkbare war geharkt, alle Gehölze frisiert, alle Gartengeräte geölt und der Schuppen besser aufgeräumt als das Wohnzimmer. Pläne fürs Frühjahr hatte ich längst genug gemacht, die opulenten Bildbände, die ich zu Weihnachten geschenkt bekommen hatte, noch länger satt. Sie ließen, ebenso wie die bunten Gartenkataloge, das vorherrschende Grau nur noch grauer erscheinen. Von der Tierwelt war auch keine Hilfe zu erwarten: Zum Vogelfüttern war es zu warm, und des Menschen bester Freund hatte vom Winter in der norddeutschen Tiefebene auch die Nase voll. Terrierhündin Kümmel, die sonst bei der Frage »Garten?«, sogar beim bloßen Griff zur Rosenschere umgehend erwartungsvoll wedelnd an der Hintertür steht, warf mir statt dessen einen jener abgrundtief verächtlichen Hundeblicke zu, bei denen man seine Rudelführer-Aktien ins Bodenlose fallen hört. Falls das noch nicht genügt haben sollte, sprang sie schleunigst auf den Stuhl vor dem Ofen und rollte sich mit einem demonstrativen Seufzer zusammen.

Na gut, dann konnte ich auch gleich den Kühlschrank aufräumen. Dabei fand ich in der hintersten Ecke ein in Küchenpapier und Plastikbeutel gewickeltes, leicht unansehnliches Päckchen. Es enthielt zwei dicke Pastinaken, irgendwann im Herbst gekauft und irgendwie vergessen. Die Wurzeln waren tief eingerissen und an der Spitze ein bißchen zermatscht. Ich hatte schon das Messer in der Hand, um sie für den

Kompost kleinzuschneiden, als mit ihrem würzigen Geruch plötzlich ein Abglanz der vorhergegangenen Grünträume auftauchte: die grüngelben, insektenumschwirrten Dolden der wilden Pastinake, die hier im Sommer so reichlich am Straßenrand wuchert und so wunderbare Sträuße ergibt ... Moment mal ... Sommer? Sträuße? Dolden? War Pastinake nicht so ziemlich gleich Pastinake? Blühten die nicht alle? War das, was ich hier in der Hand hatte, weniger verdorbenes Essen als vielmehr die einjährige Speicherwurzel eines zweijährigen Gewächses? Eines Gewächses, das, eingepflanzt, folglich im kommenden Sommer blühen müßte? Und ist eigentlich eine zahme Pastinake ebenso hübsch wie eine wilde ...?

Kurz: Statt auf dem Kompost landeten meine beiden Wurzeln schließlich daneben. Ich vergrub sie kurzerhand an einem dieser leicht vernachlässigten Plätze unter den Büschen am Rand der Einfahrt, was kurzfristig den enormen Vorteil hatte, mir zumindest eine Illusion von Gartenarbeit zu verschaffen. Langfristig vergaß ich sie wieder, bis ich im Frühjahr dem Giersch zu Leibe rücken wollte, der auf diesen Standort ebenso ausgeprägte Besitzansprüche erhebt wie ich. Mitten aus seinem provozierend strotzenden Grün erhob sich noch etwas anderes: zwei Büschel

großer, rauher, gefiederter Blätter, und verblüffender-
weise wirkten sie sogar noch deutlich kräftiger und vi-
taler als der Giersch. Ich brauchte einen Moment, um
diese Neuzugänge zu identifizieren: Natürlich, die Pastinaken! Meine Februar-Frust-Pflanzen meldeten sich
energisch zur Stelle, und es war schon ein Vergnügen,
ihnen dabei zuzusehen, wie sie die ungeliebte Konkurrenz rigoros in den Schatten stellten. Ein Vergnügen
blieben sie auch weiterhin. Trotz des nicht eben optimalen Standorts schoben sie, fast zum Zusehen
schnell, ihre hohen, sparrigen Stengel ans Licht, und
als die winzigen gelbgrünen Blüten im Frühsommer
aufgingen, waren sie genauso von Insekten um-
schwirrt, wie ich es draußen gesehen hatte, blieben die
reifenden Samenstände noch wochenlang ein unübersehbarer Blickfang. Die ganze Pflanze erinnert an blü-
henden Liebstöckel, ist aber weniger gigantisch und
damit weniger platzraubend. Keine graziöse, eher eine
bodenständige, stabile Schönheit, zuverlässig, impo-
nierend und in keiner Weise wehleidig. Die Pastinaken
waren, anders als etwa Fenchel, bereit, auch im un-
komfortablen Halbschatten zu blühen, wurden im Ju-
gendstadium, anders als Liebstöckel, von den Schnek-
ken verschmäht und machten dennoch deutlich mehr
her als blühender Dill. Fazit: Pastinaken sind, wie so

viele Gemüsepflanzen, eigentlich viel zu dekorativ, um sie einfach nur aufzuessen.

Erstaunlich, daß das nicht weiter bekannt ist, ist doch die Pastinake eine der ältesten Nutzpflanzen Europas. Im Mittelmeerraum wurde sie seit der Antike gegessen, ihr Name ist vom lateinischen »pastus«, Nahrung, abgeleitet. Vieles deutet darauf hin, daß sie mit den Römern über die Alpen kam. Im Capitulare de Villis, der um 795 erlassenen Landgüter-Verordnung Karls des Großen, gehören »pastenacas« zu den Pflanzen, deren Anbau vorgeschrieben wird. Seit dem frühen Mittelalter zählten sie auch in unseren Breiten zu den Grundnahrungsmitteln. Die winterharten, lagerfähigen Pastinaken ernährten Mensch und Vieh gleichermaßen und hießen deshalb auch »Hammelmöhre«. Der entscheidende Karriereknick kam dann mit dem Siegeszug von Kartoffel und Karotte. Mitte des 19. Jahrhunderts waren Pastinaken nur noch eine Randerscheinung in der Feldmark. Heute erlebt die süßliche, kaliumreiche Wurzel ein kleines Comeback als Babynahrung oder delikates Gemüse und wird im Herbst auch wieder frisch angeboten.

Auf Feldern und in Bauerngärten müssen die schönen Dolden jahrhundertelang zumindest zur Saatgutgewinnung geblüht haben. Was also hält uns davon ab, sie spaßeshalber auch in eine eher unkonventionelle Umgebung zu stellen? In eine Umgebung allerdings, die tunlichst wühlmausfrei ist. Die gierigen Nager nämlich wissen die süße weiße Wurzel sehr zu schätzen. *Pastinaca sativa* ist sicher kein edles, solitäres Sommergartenprunkstück wie Rose oder Rittersporn, aber eine in vieler Hinsicht ideale Begleitung, ein grüner und graphischer Kontrapunkt zum überschwenglichen Farbenspiel, und ein überaus praktischer dazu: gepflegt werden muß sie nicht, und ähnlich Zwiebelpflanzen ist sie in der Lage, aus wenig Bodenfläche viel zu machen. Zu majestätischen weißen Trompetenlilien sieht sie großartig aus, und auch viele Rosen profitieren optisch sehr von ihrer Gesellschaft. Inzwischen stecke ich jeden Herbst eine große Tüte der weißen Rüben in die Beete, statt sie zu essen. Womit dann auch gleichzeitig bewiesen wäre, daß selbst der fieseste Februarfrust durchaus noch sein Gutes haben kann …

Kein Winter

Was ist bloß los? Wo sich sonst um diese Zeit die wohl-verdiente Winterpause bereits sachte zu dehnen be-ginnt, wo wir Gärtner schon mit glücklicher Ruhelo-sigkeit die Samenkataloge durchblättern, stellt sich Anfang 2007 bloß eine Frage: Hat das neue Gartenjahr nun eigentlich angefangen – oder ist das alte noch nicht zu Ende?

Für letzteres spricht, daß mein großer Acanthus, der sonst beim ersten Frost in sich zusammensinkt, immer noch in halbmeterhoher, sattgrüner Pracht da-steht, seine noblen, an Riesendisteln und antike Säu-len gleichermaßen erinnernden Blätter nur ein wenig im Dauerregen gesenkt, und daß das Gras noch ebenso grün ist wie der Waldmeister. Andererseits sind die Christrosen kurz vor der Blüte, und überall kom-men die Spitzen der Zwiebelpflanzen.

Es fühlt sich alles an wie in der Phase verschoben, und vielleicht liegt's auch daran, daß zumindest meine Winterpause diesmal alles andere war als wohlverdient? Den ganzen Herbst lang trödelte ich müßig durch den Garten und konnte mich zu keiner der Jahreszeit auch nur halbwegs angemessenen Aktion entschließen. Nie war es so einfach, das bevorstehende Ende zu ignorieren wie beim T-Shirt-Wetter im letzten Spätherbst. Erst nach der ersten Orkanwarnung entschloß ich mich halbherzig, mich zumindest zu einer symbolischen Geste aufzuraffen: die gewaltigen Sonnenblumen, an deren ebenso gewaltigen Samenständen die Vögel lange Freude gehabt hatten, zu kappen und zu häckseln, bevor ich sie geknickt und mit matschigen Riesenblättern vom Boden aufsammeln mußte. Sonnenblumen-Häckseln ist normalerweise, vom Lärm abgesehen, eine ebenso mühelose wie zufriedenstellende Angelegenheit: kaum Arbeit, aber das angenehme Gefühl, etwas Nützliches geschafft zu haben, da die stabilen Stengel am Stück nur sehr schwer verrotten.

Das erste, was meine Prachtstücke des Rekordsommers 2006 deutlich von ihren Vorgängern unterschied, war die Tatsache, daß ich selbst mit der Rosenschere wenig an ihrer fast handgelenksdicken Basis ausrichten konnte. Nachdem ich sie erst mit Hilfe einer kräftigen Astschere glücklich zur Strecke gebracht hatte, war mir schon ganz unherbstlich warm. Der erste lässige Versuch, die gefällten Riesen einfach am Stück durch den Häcksler zu schieben, endete im Slapstick: Statt sich programmgemäß in etwas zu verwandeln, das, des weißen Marks im Stengelinnern wegen, wie Styroporschnipsel aussieht, sprangen sie so heftig zurück wie sonst höchstens eisenharte alte Ligusterzweige. Sicher gehört mein Häcksler nicht zu den Hochleistungsgiganten seiner Zunft, aber Sonnenblumenstengel hatten ihm nun doch noch nie Schwierigkeiten gemacht. Leicht verdutzt zerlegte ich sie in knappe Meterstücke, versuchte es mit deutlich mehr Nachdruck – und hätte mich dabei fast unversehens unter die Aspiranten für den Darwin-Award, die Trophäe für die spektakulär dämlichste Selbstentleibung, eingereiht, so heftig und so dicht am Auge vorbei war der Rückschlag. Zweierlei dämmerte mir gleichzeitig: Mein Häcksler brauchte dringend neue Messer – und wer immer diese wehrhafte Sonnenblumensorte »King Kong« getauft hat, wußte genau, was er tat. Selbst daß ich die Stengel mit dem Handbeil längs in schmalere Streifen zerlegte, machte sie zwar für mich ungefährlich, erhöhte letztlich aber nur ihr Beharrungsvermögen: Nach der zweiten Portion blieb der Häcksler mit einem ersterbenden Rülpser abrupt stehen, die Welle gefesselt von beigen Strängen, die zäh genug wirkten, um einen Supertanker zu vertäuen. Natürlich ließen sich die bis zum Anschlag festgezogenen Fasern auch nicht mit bloßer Hand entfernen, ohne einen Fingernagel mitzunehmen, und natürlich passierte bei den nächsten Durchgängen genau dasselbe. Bis ich das Dutzend Helianthus-Giganten niedergekämpft und in kompostfertige Chips verwandelt hatte, stand einer meiner Neujahrsvorsätze schon weit im voraus fest: in der nächsten Saison zu den etwas zahmeren Sonnenblumen zurückzukehren – oder Helianthus zumindest nie wieder so weit ausreifen zu lassen.

Auf einen meiner Lieblings-Gartentage wartete ich dann später vergeblich: Auf den nämlich, an dem ich, im Hochgefühl eines glücklich abgeschlossenen Jahres, von drinnen zusehen kann, wie alles ruhig in Kälte und – möglichst – im Schnee versinkt. Statt dessen ist im Januar immer noch fast alles grün, und was die Nacktschnecken, die unverdrossen aktiv sind, bei durchschnittlich zehn Grad plus unter der gemütlichen Laubdecke auf den Beeten anstellen, möchte ich lieber gar nicht wissen. Was diesmal vorherrscht, sind latente Unruhe und Unzufriedenheit, das nagende Gefühl, um etwas betrogen worden zu sein. So lästig, so endlos die Winter- Zwangspause sein kann – erst jetzt ist mir wirklich klargeworden, wie dramaturgisch notwendig sie ist. Was nutzt der ganze Gartenfrühling, wenn er schon zu Weihnachten kommt?

Mein Team von der Abfallwirtschaft

Es begann schon dramatisch: Als ich, kurz vor Weihnachten und kurz vor Mitternacht, zum letzten Hun-
despaziergang aus der Gartenpforte gehen wollte, kol-
lidierte ich direkt davor mit einer massiven Wegsperre
und wäre fast krachend zu Boden gegangen. Leicht
desorientiert – meine Pforte war doch sonst nie von
außen zugebaut? – identifizierte ich das unbekannte
Standobjekt schließlich als reichlich meterhohen Ab-
fallbehälter. Das war, wie sich herausstellte, straßen-
weit die Landnahme der neuen Altpapiertonnen, de-
poniert am späten Samstagabend irgendwo im Weg,
ohne Vorankündigung, ohne Klingeln, dafür aber nicht
mehr schlicht von der Müllabfuhr, sondern, neu-
deutsch-gestylt, von »Ihrem Team von der Abfallwirtschaft«.

Altpapier-Container, so hatte unsere Obrigkeit entschieden, entsprächen nicht mehr den ästhetischen Ansprüchen eines aufstrebenden Mittelzentrums und würden daher durch private Tonnen ersetzt, Leerung monatlich. Ein theoretisch sehr ansprechender Gedanke, vor allem für autolose Vielleser wie mich. Der Praxisschock begann am ersten hellen Morgen nach der Ankunft: Statt der, aus gutem Grund, traditionell mülltonnenüblichen zurückhaltenden Töne trägt dieses Monstrum Knallblau. Ein durchdringendes, kaltes, maximal künstliches Plastikblau. Ganz genau: Es ist der Stoff, aus dem die Gärtner-Alpträume sind. Plötzlich stach die schrille Farbe von überall durch die kahle Hecke, biß sich auf das herzhafteste mit roten Ziegelwänden und rückte sämtliche Müllplätze rundum gleichzeitig und unübersehbar in den Vordergrund.

Überall Blau, und ich sah rot. Ich sah es förmlich vor mir, mein Team von der Abfallwirtschaft, erglühend in überbordender Kreativität: Blau – die Farbe von Ausgeglichenheit, Treue und Harmonie! Die Entsorger Niedersachsens endlich eins mit dem Kosmos und dem zufriedenen Kunden! Dazu eine Dosis Corporate Identity, die heutzutage in keinem anständigen Unternehmen mehr fehlen darf: Das grenzdebile Mas-

kottchen auf der hauseigenen Broschüre trägt ebenfalls Blau und überreicht sogar Blumen! Unwiderstehlich! Und dann dieser praktische Nutzen! Kein Kunde
kann sich mehr auf dem Weg zu einer unauffälligen
Tonne verirren, und selbst weniger begnadete Team-
mitglieder werden dieses Teil garantiert jederzeit und
überall mühelos ausfindig machen.

Es ist zum Verzweifeln, jedenfalls für Gartenfreunde. Hat sich denn niemand je Gedanken darüber
gemacht, wie dieses Meisterstück rücksichtslosen De-
signs, zu groß für den durchschnittlichen Schuppen, in
freier Wildbahn wirken wird? Zehntausende davon, in
Zehntausenden von Gärten? Gedanken darüber, daß
auch die Besitzer kleiner Grundstücke ihr Areal nicht
in erster Linie als Mülldeponie verstanden wissen
möchten, daß sie auf optische Omnipräsenz durchsetzungsfähigen Billigplastiks also in keiner Weise erpicht
sind? Oder, ganz deutlich: Warum, verdammt noch
mal, konnte dieses Ding denn bloß keine sozialver-
trägliche Farbe bekommen? So auffällig war Abfall
noch nie, und schon lockern sich, da es nun ohnehin
egal ist, die Sitten. Schon entstehen hier und da niedli-
che kleine Entsorgungs-Center: immer mehr Tonnen
und Säcke, traulich um den strahlend blauen, domi-
nierenden Mittelpunkt gruppiert.

War schon dieser erste Eindruck, nun ja: überwältigend, so brachten das Frühjahr und der so sehnsüchtig wie nie erwartete Laubaustrieb keine Besserung. Im Gegenteil: Im grünen Garten sieht alles nur noch schlimmer aus. Diese zänkische Farbe durchdringt spielend die dichteste Hecke, sticht hämisch die sorgfältigste Pflanzung aus und macht Gärtnermühe brutal zunichte: Wer je seine überschäumend blühende Rosa Gallica »Versicolor« vor diesem Hintergrund gesehen – oder zu fotografieren versucht! – hat, wer den fiesen Kontrast zwischen ihren rosaweißen, zarten Blüten und dem Plastik dahinter so richtig genossen hat, der weiß, wovon ich rede. Auch Versuche, den Schandfleck unter der überhängenden Weigelie zu verstecken, mit Töpfen zu domestizieren oder mit Kürbisranken spielerisch zu entschärfen, scheiterten kläglich.

Sind das nun alberne Luxussorgen? Ich fürchte nicht, denn sie betreffen leider vor allem die Besitzer kleiner und kleinster Grundstücke. Dort, wo man jederzeit aus jedem Fenster alles im Blick hat, wo der Garten also wirklich zur Wohnung gehört, ist es ohnehin schon schwer genug, ein grünes Plastik-Regenfaß halbwegs verschwinden zu lassen. Tarnung dieser Tonne ist völlig aussichtslos, Resultat: siehe oben. Da es mir leider nicht möglich war, eigens fürs Altpapier anzubauen, entschloß ich mich schweren Herzens, dem Augenschmerz einen der kostbaren Plätze im Schuppen abzutreten, einfach, weil ich ihn nicht mehr sehen konnte. Was selbstverständlich zur Folge hat, daß ich seitdem ständig mit dem fast brusthohen Monstrum in Konflikt komme. Einfach platzsparend an die Wand stellen geht nämlich auch nicht: Entweder ist dann beim Befüllen der Riesendeckel im Weg, oder der Griff steht nach hinten. Letzteres bedeutet, daß das tonnenschwere volle Teil kaum noch ohne Hilfe von Arnold-Schwarzenegger-Typen zu rangieren ist. Nur spät im Jahr hat der ansonsten vergeudete Quadratmeter doch noch einen kleinen Vorteil: Endlich ein Platz, auf dem ich die allherbstliche Kiste Blumenzwiebeln hoch und mäusesicher abstellen kann.

Das Traurige ist: Es hätte so nicht sein müssen. Gartenfreunde sind in unserem Flächenland nun wirklich keine verschwindend geringe exotische Minderheit, und mit ein bißchen Nachdenken wäre uns allen geholfen gewesen. Die Papier-Abfuhr an sich ist nämlich tatsächlich eine dankenswerte Erleichterung, und die Tonne dafür wäre, wie es das Beispiel südlicherer Bundesländer zeigt, vom durchschnittlichen Benutzer auch schon anhand farbiger Deckel sicher zu identifizieren gewesen. Sie müßte sich also keinesfalls derart kraß in den Vordergrund spielen, und sie tut es auch nicht überall: Von Bayern lernen hieße hier siegen lernen. Dafür ist es jetzt leider zu spät, denn das Planziel der Landkreis-Ästheten ist erreicht: Das Erscheinungsbild unseres Ortes hat sich auffallend gewandelt. Schon nach kurzer Zeit nach diesem behördlichen »Unsere Stadt soll schöner werden« ertappte ich mich dabei, wie ich meine biedere dunkle Mülltonne geradezu liebevoll ansah und mich in den schwärzesten, Pardon: blauesten Augenblicken sogar nach dem erholsamen Anblick eines überquellenden Papiercontainers sehnte. Die nämlich hatten zumindest den Anstand gehabt, Tarnfarbe zu tragen, und sich damit wohltuend von ihren Nachfolgern abgehoben. Sollte es im Zeitalter der inflationären Preisverleihungen nicht irgendwo auch irgendeine Auszeichnung für optische Umweltverschmutzung in flächendeckenden Dimensionen geben? Mein Team von der Abfallwirtschaft wäre da mein heißer Favorit!

Malus, der Marode

Wann immer ich früher vom eigenen Garten geträumt habe, stets stand ein Apfelbaum darin. Ein Hochstamm natürlich, überschäumend von duftenden weißrosa Blüten, voller glänzender Äpfel. Ein richtiger uralter Traumbaum, wie man ihn selber leider nicht pflanzen und dann noch aufwachsen sehen kann. Die Chancen, so ein Prachtstück zu übernehmen, stehen hier ebenfalls eher schlecht, da alte Obstbäume meist entweder Neubauten oder Koniferen weichen müssen. Um so glücklicher schätzte ich mich daher, daß schließlich in meinem kleinen Hof tatsächlich große Obstbäume standen. Wenn auch in einem Zustand, der, vorsichtig ausgedrückt, meinen Paradiesträumen in keiner Weise entsprach.

Vor allem einer, der in der hintersten Ecke, eingeklemmt zwischen Garage und himmelhoher Nachbars-Fichtenreihe auf der einen, Kirsche und Pflaume auf der anderen Seite, war kaum noch als Baum zu bezeichnen. Mein uralter Vorbesitzer, als Kapitän offenbar allem landbewohnenden Grünzeug eher abhold, hatte den kleinen, geteilten Stamm einfach in drei Metern Höhe glatt abgesägt, so rabiat, daß der Baum kaum noch zu identifizieren war. Unterhalb der Schnittstelle ragten einige dünne Spieße wie hilfeflehend in den düsteren Novemberhimmel. An einem von ihnen jedoch baumelte etwas Winziges, braun Verschrumpeltes, das sich bei näherem Hinsehen als Apfelmumie entpuppte. Das war er nun also, mein Sehnsuchtsbaum, oder eher: seine Ruine, ein botanisches Memento mori.

Am vernünftigsten wäre es gewesen, dieses hoffnungslose Stück Gartenschande gleich wegzuräumen, aber ich brachte es schlicht nicht fertig, zumal eine Neuanpflanzung unmöglich war. Dieser Apfelbaum also oder keiner, denn die immer irgendwie kastriert wirkenden Zwergformen mag ich einfach nicht. So verbesserte ich den Boden, so gut ich konnte, und hoffte eben doch.

Malus, der botanische Underdog, trieb mit dem zähen Überlebenswillen seiner Art tatsächlich in den nächsten Jahren eine neue Krone, an der allerdings höchstens ein Illustrator von Fachbüchern über Obst-krankheiten seine uneingeschränkte Freude gehabt hätte. Doch einmal war der Standort hinter der hohen schwarzen Nadelholzreihe, die meinen Hof komplett von der Südost- und Südsonne abschnitt, so katastro-phal, daß da ohnehin nichts anderes hochkommen würde. Dann konnte er auch gleich bleiben. Zum an-deren hatte ich entdeckt, daß ich nicht die einzige bin, die alte Apfelbäume schätzt. Mit seiner schorfigen Rinde voller Insekten zog Malus die Vögel geradezu magnetisch an, sommers wie winters. Der Nistkasten in seinem Schutz war immer der erste, der bezogen wurde. So kümmerte der Veteran tapfer vor sich hin, pflegte seine Krankheiten, beschattete den Kompost, fütterte die Vögel, raffte sich sogar im Mai zu einer bescheidenen Blüte auf – und wir alle waren's zufrie-den.

Bis eines Tages ein Fachmann in den Garten kam. Ein Blick auf Malus, und der Baumpfleger schüttelte sich nahezu vor Entsetzen: »Da hilft nichts mehr, so was kann man nur noch fällen.« Da er ein sehr guter Fachmann ist, kam er nun regelmäßig, und ich war immer bestens informiert, wie moribund mein armer Apfel war. Das nagte bald in genau dem Maße an mir, in dem sich alle anderen Gehölze nach dem Schnitt sichtbar wohler fühlten. Neben ihrem zweiten Frühling sah der arme Malus noch erbärmlicher aus. Sollte ich ihn vielleicht tatsächlich besser ...? Es war, als habe der alte Baum meinen zunehmenden Wankelmut gespürt, aber es lag natürlich daran, daß zumindest einige Fichtenäste fielen und er wieder ein wenig Licht bekam. Jedenfalls: Im letzten Herbst trug er zum ersten Mal Früchte. So klein und schäbig sie von außen aussahen, so aromatisch waren sie von innen. Je besser mir das gefiel, desto mehr verhärtete ich mein Herz. Er war ein Schandfleck, er würde einer bleiben, und eine Pergola für Schattenpflanzen würde viel besser aussehen. Zum Winter war ich dann buchstäblich reif. Als ich mich vom angeknacksten Pflaumenbaum trennen mußte, holte ich tief Luft und sagte möglichst beiläufig: »Malus kann dann auch gleich mit weg.« Der Fachmann lächelte unmerklich, und ich vermied es tunlichst, in jene Ecke zu sehen. Wir setzten den Exekutionstermin fest: zwei Tage vor Heiligabend.

Um den Pflaumenbaum tat es mir seltsamerweise nicht ganz so leid, weil er ohnehin beschädigt war und sein Holz in Tischlerhände gehen würde. Malus aber, der Mickrige, der Erbärmliche, der so völlig Nutzlose ... Ich verdrängte rigoros jedes Unbehagen, aber es half nichts. In der Nacht vor der Hinrichtung wachte ich plötzlich auf, einen bleischweren Kloß im Magen. Es war zwei Uhr früh, es stürmte, und es war so hell, daß ich vom Fenster aus Malus' lange Zweige deutlich erkennen konnte. Morgen würde sein Platz leer sein. Keine vertraute, struppige Silhouette mehr, nur ein Loch und dahinter diese gräßlichen Nadelbäume. Jetzt werd' hier bloß nicht wieder sentimental, ermahnte ich mich immer energischer. Du hast lange genug überlegt, hin und her. Es ist das einzig Vernünftige. Es ist bloß ein kranker und kaputter alter Baum, den niemand vermissen wird.

Oder?! Während ich nervös durch die windgepeitschten Kronen in die hintere Ecke spähte, gestand ich mir schließlich doch ein, was ich eigentlich die ganze Zeit gewußt hatte: *Ich* würde ihn vermissen, und wie! Malus war mein einer und vermutlich der einzige Apfelbaum, den ich je besitzen würde. Er war mir mit der Zeit mehr ans Herz gewachsen, als ich es hatte wahrhaben wollen – und zwar genau so, wie er war. Also zum Teufel mit aller Vernunft! Damit hat ein Hobby sowieso nichts zu tun. Ich lebe nicht vom Obstanbau, es ist mein Garten, und wenn ich ein Wrack darin haben möchte, so ist das allein meine Sache. Malus bleibt.

Daß das genau die richtige Entscheidung gewesen

war, merkte ich dann über die Festtage. Kein Weihnachtsbaum, keine Geschenke freuten mich so sehr wie das Überleben des Baumes, den ich aus Dummheit fast geopfert hätte. Wieder und wieder zog es mich ans Fenster, nur um zu sehen, daß er in all seiner grotesken Schäbigkeit wirklich noch in seiner Ecke stand, und jedesmal fühlte ich mich lächerlich erleichtert, wie jemand, der gerade noch einmal davongekommen war. Wie hatte ich nur so blöd sein können?!

Die Pergola haben wir übrigens trotzdem gebaut, um Malus herum. Nach meinem Pflaumenbaum fielen nebenan noch wenigstens einige Fichten, so daß das Licht jetzt reicht, um dem Apfel eine Kletterrose zuzugesellen. Als Hintergrund für die cremeweißen, rosa überhauchten Blüten und die niedlichen kleinen Hagebuttenbüschel sieht seine pittoreske, flechtenüberwachsene Rinde plötzlich richtig romantisch aus, zumal zu seinen Füßen nun auch Fingerhüte gedeihen. An dem Baumläuferpaar und den Rotschwänzen, die dieses Jahr in seinem Umkreis einzogen, habe ich fast noch mehr Freude gehabt. Natürlich wird es für einen derart moribunden Baum kein strahlendes Happy-End mehr geben. Aber Malus wird bleiben, bis daß ein Orkan uns scheidet – und sei es bloß dieser einen, unschätzbaren Lehre wegen: daß der eigene

Garten glücklicherweise einer der Orte ist, an dem es oft am vernünftigsten ist, sich auch die unvernünftigsten Wünsche zu erfüllen.

© Verlag Antje Kunstmann GmbH, München 2009
Umschlaggestaltung: Michel Keller, München
Typografie + Satz: Schuster & Junge, München
Druck und Bindung: CPI – Clausen & Bosse, Leck
ISBN 978-3-88897-562-2

2 3 4 5 6 • 12 11 10